Wie christlich ist ein Bedingungsloses Grundeinkommen?

Überlegungen zum Grundeinkommen – Band 6

mit Beiträgen von

Markus Schlagnitweit www.schlagnitweit.at
Franz Segbers www.franz-segbers.de
Ina Praetorius www.inapraetorius.ch
und anderen

Herausgeber:
Paul J. Ettl www.ettl.at
Verein „Das Grundeinkommen"
und Friedensakademie Linz

Impressum

Herausgegeben von der

Friedensakademie Linz
www.friedensakademie.at

ZVR 455186567

und dem

Verein zur Förderung der Grundeinkommensidee
www.das-grundeinkommen.org

ZVR 1227259269

2. Auflage, 2023

Bibliografische Information der Deutschen Nationalbibliothek: Die Deutsche Nationalbibliothek verzeichnet diese Publikation in der Deutschen Nationalbibliografie; detaillierte bibliografische Daten sind im Internet über http://dnb.dnb.de abrufbar.

Herstellung und Verlag: BoD – Books on Demand, Norderstedt

ISBN: 9-783-7578-3020-5

INHALT

ALLGEMEINE ERKLÄRUNG
DER MENSCHENRECHTE

Artikel 22 (Recht auf soziale Sicherheit)

Jeder hat als Mitglied der Gesellschaft das Recht auf
soziale Sicherheit und Anspruch darauf, (…)
in den Genuss der wirtschaftlichen, sozialen und
kulturellen Rechte zu gelangen, die für seine Würde
und die freie Entwicklung seiner Persönlichkeit
unentbehrlich sind

Artikel 25 (Recht auf Wohlfahrt)

Jeder Mensch hat das Recht auf einen
Lebensstandard, der Gesundheit und Wohl für sich
selbst und die eigene Familie gewährleistet,
einschließlich Nahrung, Kleidung, Wohnung, ärztliche
Versorgung und notwendige soziale Leistungen, sowie
das Recht auf Sicherheit im Falle von Arbeitslosigkeit,
Krankheit, Invalidität oder Verwitwung, im Alter sowie
bei anderweitigem Verlust der eigenen
Unterhaltsmittel durch unverschuldete Umstände.

AUSSAGEN VON
PAPST FRANZISKUS

„Vielleicht ist jetzt die richtige Zeit, über ein universales Grundeinkommen nachzudenken"

Papst Franziskus (Ostern 2020)

„Ich glaube deshalb, dass es an der Zeit ist, Konzepte zu bedenken wie das Universelle Grundeinkommen (UBI), auch als negative Einkommensteuer bekannt: Eine bedingungslose Pauschalzahlung an alle Bürger."

Papst Franziskus „Wage zu träumen" (2021)

VORWORT DES HERAUSGEBERS

Es dürfte im Jahr 2013 gewesen sein, dass ich zum ersten Mal von der Idee eines „Bedingungslosen Grundeinkommens" gehört habe. „Bedingungsloses Einkommen? Wie soll das funktionieren?" hab ich mich – und den Redner des Vortrages – gefragt.

In meinem Berufsleben war ich 30 Jahre lang selbstständig und viele Jahre auch als Funktionär in diversen Gremien der Wirtschaftskammer aktiv. Und in diesem Umfeld hört man natürlich oft die Slogans „Leistung muss sich lohnen" oder „Ohne Fleiß kein Preis"

Den Begriff „bedingungslos" kannte ich nur aus me nem religiösen Umfeld. Die bedingungslose Liebe Gottes zum Menschen und die Bedingungslosigkeit, mit der man den Nächsten lieben soll (was ja eh schon ganz schön schwierig ist). Aber bedingungsloses Einkommen?

Eines Tages ergab es sich, dass ich gemeinsam mit meiner Tochter eine längere Autofahrt unternehmen musste. Irgendwie kamen wir auf dieses Thema zu sprechen und ich staunte, welche Vision ein Bedingungsloses Grundeinkommen für sie sein würde. Das gab mir zu denken.

Inzwischen war ich ja in Pension und hatte Zeit für solche Überlegungen. Ich hatte in meiner Jugend Mathematik und später noch Betriebswirtschaft studiert. Und als IT-ler gehörte Excel zu meinen Hobbies (Ich hatte schon in den 1980-er Jahren mit dem Vorläufer Multiplan gearbeitet). Daher habe ich mich eines abends – oder besser gesagt viele Tage und Abende lang – hingesetzt und wollte wissen, was ein Bedingungsloses Grundeinkommen für den Einzelnen bedeuten würde und was es dem Staat kosten würde.

Immer wieder war aber auch die ethische Frage da: Warum soll das bedingungslos sein?

Die Idee eines Bedingungslosen Grundeinkommens gibt es ja schon viele Jahrhunderte. In den letzten Jahrzehntes war es im deutschsprachigen Raum aber vor allem die Katholische Sozialakademie Österreichs (KSÖ), die durch ihre Direktoren Herwig Büchele und Markus Schlagnitweit und der inzwischen leider verstorbenen wissenschaftlichen Mitarbeiterin Liselotte Wohlgenannt, die 1985 das von der KSÖ herausgegebenen Buch „Grundeinkommen ohne Arbeit" verfasst haben. Dieses Buch ist immer noch aktuell und 2016 im ÖGB-Verlag neu aufgelegt worden.

Markus Schlagnitweit war es auch, der es bei einem Vortrag im April 2021 einmal so formulierte: *„Das Evangelium sagt: Gott schenkt dem Menschen seine Zuwendung, seine Liebe. Bedingungslos. Als Vorleistung. Ungeschuldet. Ohne dass der Mensch sich das verdienen muss, in der Hoffnung, dass der Mensch adäquat darauf reagiert und selber wieder zum Liebenden wird. – Und ich behaupte jetzt: Die Idee eines Bedingungslosen Grundeinkommens ist der Versuch einer gesellschaftspolitischen Umsetzung genau dieser Idee."*

Und damit komme ich zum eigentlichen Grund, warum ich dieses Buch herausgeben wollte: Immer mehr wird mir klar, dass Zustimmung oder Ablehnung eines Grundeinkommens sehr mit dem Menschenbild zusammenhängt. Sieht man den Menschen als „faulen Hund" ohne intrinsische Motivation etwas zu tun, so muss er gedrängt oder sogar gezwungen werden, etwas zu arbeiten. Sieht man ihn aber als kreatives, schöpferisches Wesen – ja als Abbild des Schöpfers – so muss man für ein Grundeinkommen sein, damit der Mensch seine Potentiale wirklich entfalten kann, ohne sich um das Überleben kümmern zu müssen.

Mir fällt da auch immer die Bibelstelle ein, in der Jesus sagt: *„Seht euch die Vögel des Himmels an: Sie säen nicht, sie ernten nicht und sammeln keine Vorräte in Scheunen; euer himmlischer Vater ernährt sie. Seid ihr nicht viel mehr wert als sie?"* (**Mt 6,26**) Sollte da nicht die Gesellschaft die Rolle des „himmlischen Vaters" übernehmen?

Und ist nicht auch in der Pädagogik längst klar, dass Schüler:innen nicht mit dem „Staberl" und mit Strafe motiviert werden, sondern indem man ihnen die Möglichkeit schafft, sich ihren Talenten gemäß und mit der der für sie passenden Geschwindigkeit zu entwickeln?

Oft hört man von Befürwortern des Grundeinkommers die kommende Roboterisierung als Grund oder die Angst vor einem weiteren Finanzcrash, vor der Künstlichen Intelligenz oder gar der „Great Reset". Ich denke, der Grund für ein Bedingungs- loses Grundeinkommen sollte nicht Angst sein. Für mich ist das

Grundeinkommen ein Menschenrecht! In den Artikeln 22 und 25 heißt es:

Artikel 22 (Recht auf soziale Sicherheit): Jeder Mensch hat als Mitglied der Gesellschaft das Recht auf soziale Sicherheit und Anspruch darauf, (...) in den Genuss der wirtschaftlichen, sozialen und kulturellen Rechte zu gelangen, die für die eigene Würde und die freie Entwicklung der eigenen Persönlichkeit unentbehrlich sind.

Artikel 25 (Recht auf Wohlfahrt): Jeder Mensch hat das Recht auf einen Lebensstandard, der Gesundheit und Wohl für sich selbst und die eigene Familie gewährleistet, einschließlich Nahrung, Kleidung, Wohnung, ärztliche Versorgung und notwendige soziale Leistungen, sowie das Recht auf Sicherheit im Falle von Arbeitslosigkeit, Krankheit, Invalidität oder Verwitwung, im Alter sowie bei anderweitigem Verlust der eigenen Unterhaltsmittel durch unverschuldete Umstände.

Beide Artikel beginnen mit „Jeder Mensch …" Also nicht nur Männer, nicht nur Europäer, nicht nur Hellhäutige, nicht nur Erwachsene – JEDER MENSCH! Bedingungslos. Daher auch nicht nur arbeitende oder arbeitswillige! Jeder. Punkt. Bedingungslos.

Als Christ könnte man ergänzen: Einfach jeder, weil jeder Kind Gottes ist.

Paul J. Ettl

Linz, im Sommer 2023

GRUSSWORT VON
FERDINAND KAINEDER

Ein Grundeinkommen als
universelle Lebensbasis

Lieselotte Wohlgenannt habe ich persönlich 1978 im Rahmen des Drei-monatskurses der KSÖ (Katholische Sozialakademie Öster-reichs) kennengelernt und war somit mein personifizierter Ein-stieg in das Thema Grundeinkommen. Sie hatte beim Gespräch im Foyer des Bildungshauses St. Virgil das Buch zum „bedingungslosen Grundeinkommen" in ihren Händen. Für mich als 20-jährigen Theologiestudenten damals war das Buch Ideengeber für eine neue Lebens- und Gesellschafts-konstruktion. Zu der Zeit ahnte ich noch nicht, dass ich ein paar Jahre später meinen Zivildienst bei den Obdachlosen in Linz machen und in der Dompfarre für die soziale Arbeit zuständig sein werde. Immer wieder holte ich die das Buch hervor. Während dieser Zeit lernte ich andere Proponenten des Grund-einkommens kennen, auch verschiedene Zugänge zu dieser Idee, verschiedene Varianten. Immer mehr verdichtete sich die Ansicht oder Einsicht: Ein Grundeinkommen würde viele Menschen entlasten, ihnen eine bescheidene Lebensbasis geben, ein Stück gesellschaftliche Fairness bringen. Im kirchlichen Kontext habe ich gespürt, dass diese Idee nicht breit landen konnte.

„Die Arbeitswelt unterliegt, wie alle anderen Wirtschafts-
bereiche, den Gesetzmäßigkeiten der neoliberalen Marktwirt-
schaft, Arbeit ist in diesem System auf einen Kostenfaktor
reduziert. Er muss so niedrig wie möglich gehalten werden,
damit Betriebe konkurrenzfähig bleiben. Das spüren die
Akteur:innen der Arbeitswelt auf allen Ebenen und in allen
Branchen. Arbeitsverdichtung und Flexibilisierung der
Arbeitszeit nach betrieblichen Anforderungen erschweren vielen
Menschen den Arbeitsalltag. Gemeinsames Leben in Familie
und Gesellschaft kommt immer mehr unter Druck. Prekäre,
schlecht bezahlte und unsichere Arbeitsverhältnisse nehmen
zu.“ Das lese ich als Analyse der Situation im Dossier „Arbeit
und soziale Fairness“ der Katholischen Aktion Österreich (KAÖ)
vom November 2022 unter dem Titel „Sehen“ gleich zu Beginn.
Wir spüren in jeder Zeile Druck, Beschleunigung, Optimierung,
Anspannung, Geldfokus und ein Stück weit die „Austreibung
eines sozial-ökologisch-spirituellen Atems“.

Die insgesamt fünf Dossiers der KAÖ (www.kaoe.at/dossiers)
wollen als Orientierungstafeln den Weg in die Zukunft
markieren, die katholische Soziallehre als Roadmap bei der
Hand und die jesuanisch-christliche Idee und Lebenserfahrung
in den Füssen. Arbeit und Teilhabe an gesellschaftlichen
Prozessen sind für den Menschen zentral. Der Mensch will
etwas beitragen für die gesellschaftliche Entwicklung, er will
dafür Wertschätzung und Anerkennung und sich zugehörig
fühlen in Solidarität mit allen zusammen. Arbeit ist nicht
nebensächlich oder gar lästig zu sehen. Und wie ist das mit der
Arbeit? *„Arbeit ist aktiver Ausdruck menschlicher Schaffens-*
kraft, sie sorgt für das tägliche Brot und dient dem Gemeinwohl.

Deshalb können wir es nicht hinnehmen, dass die neoliberale Wirtschaft Arbeit auf einen Kostenfaktor reduziert, und die Ärmsten – bei uns oder anderswo auf der Welt – systematisch ausbeutet und benachteiligt. Die aktuellen Krisen zeigen uns: die unteren Einkommensgruppen sind am stärksten betroffen, die Schere zwischen arm und reich geht immer weiter auf. Wir treten ein für ein Grundrecht auf eine solide Existenzgrundlage in allen Lebensphasen, sei es auf Grundlage von fairen Löhnen, höherem Arbeitslosengeld oder auch einem allgemeinen Grundeinkommen."

In der Enzyklika „Fratelli tutti" mahnt Papst Franziskus ein: „Wenn es um einen Neuanfang geht, müssen wir immer bei den Geringsten unserer Brüder und Schwestern beginnen" (235). Daher ist eine solide Existenzgrundlage ein Grundrecht. Das bedeutet faire Löhne, ein höheres Arbeitslosengeld oder auch ein Grundeinkommen für alle. Die österreichischen Bischöfe machen sich im Pfingsthirtenbrief 2020 Sorgen um das Sozialfundament unseres Landes und fordern neue Formen der sozialen Sicherung in Richtung erwerbsunabhängiges Grundeinkommen, das diskutiert werden muss.

Papst Franziskus sagt in seiner Ansprache an die Volksbewegungen am Ostersonntag 2020, dass es nicht sein kann, dass jene, die am Rand der Gesellschaft leben, die die Lösungen der Marktwirtschaft nicht erreicht, die auch nicht ausreichend Hilfe und Schutz durch den Staat erhalten, warten sollen, „ob vom Tisch derer, die die wirtschaftliche Macht haben, vielleicht das eine oder andere Almosen zu ihnen hinabfällt." Der Papst zieht daraus diese Konsequenz: *„Vielleicht ist jetzt die richtige*

Zeit über ein universales Grundeinkommen nachzudenken, das die wichtigen und unersetzlichen Aufgaben anerkennt und würdigt, die sie erfüllen; ein Einkommen, das den ebenso menschlichen wie christlichen Leitsatz dauerhaft Wirklichkeit werden lassen kann."

Ist jetzt die richtige Zeit nachzudenken? Wer dem Papst schon einmal persönlich begegnet ist, der durfte auch spüren, dass „nachdenken" beim Papst nicht passiv gemeint ist, sondern etwas in Gang bringen will. Man kann beispielsweise darüber nachdenken, im Garten einen Baum zu pflanzen. Da tut sich bei den einen nichts und andere werken beim Nachdenken schon im Gartenhaus herum, schauen, welcher Baum es sein soll und graben schon einmal um, damit sie sehen, ob der Boden gut ist für den Baum. Persönlich und aus dem Netz der KAÖ spüre ich, dass es jetzt an der Zeit ist, den Baum eines universalen Grundeinkommens zu pflanzen. Nur Mut.

Mag. Ferdinand Kaineder
Präsident der Katholischen Aktion Österreich (KAÖ)
www.kaoe.at

*Die fünf KAÖ-Dossiers sind digital und gedruckt kostenlos erhältlich unter **www.kaoe.at/dossiers***

- *„Ökologische Umkehr und Mitweltgerechtigkeit"*
- *„Der Weg zum Frieden"*
- *„Arbeit und soziale Fairness"*
- *„Geschlechtergerechtigkeit"*
- *„Beteiligung und Mitverantwortung".*

GRUNDPRINZIPIEN EINES BEDINGUNGS-LOSEN GRUNDEINKOMMENS

Definition:

(aus www.grundeinkommen.at)

Grundeinkommen ist eine bedingungslose finanzielle Zuwendung, die jedem Mitglied der Gesellschaft in existenzsichernder Höhe, ohne Rücksicht auf sonstige Einkommen, auf Arbeit oder Lebensweise, lebenslänglich als Rechtsanspruch zusteht.

Grundeinkommen ist

❖ **allgemein**: alle BürgerInnen, alle BewohnerInnen des betreffenden Landes müssen tatsächlich in den Genuss dieser Leistung kommen;

❖ **existenzsichernd**: die zur Verfügung gestellte Summe soll ein bescheidenes, aber dem Standard der Gesellschaft entsprechendes Leben, die Teilhabe an allem, was in dieser Gesellschaft zu einem normalen Leben gehört, ermöglichen;

❖ **personenbezogen**: jede Frau, jeder Mann, jedes Kind hat ein Recht auf Grundeinkommen. Nur so können Kontrollen im persönlichen Bereich vermieden werden und die Freiheit persönlicher Entscheidungen gewahrt bleiben;

❖ **bedingungslos** soll das von uns geforderte Grundeinkommen deshalb sein, weil wir in einem Grundeinkommen ein BürgerInnenrecht sehen, das nicht von Bedingungen (Arbeitszwang, Verpflichtung zu gemeinnütziger Tätigkeit, geschlechter-rollenkonformem Verhalten etc.) abhängig gemacht werden kann.

Das bedeutet:

- ❖ **arbeitsunabhängig**: mit Grundeinkommen ist weder eine Kontrolle unbezahlter Arbeit noch eine Verpflichtung zur Erwerbsarbeit verbunden. Die ethische Verpflichtung zu sinnvoller Tätigkeit ist damit nicht aufgehoben, gleichzeitig soll deutlich werden, dass Arbeit nicht einfach mit Erwerbstätigkeit gleichgesetzt werden kann;
- ❖ **ohne Armutsfalle**: Leistung drückt sich keineswegs nur in Geldeinkommen aus. Trotzdem soll ein Grundeinkommen so gestaltet sein, dass jedes zusätzliche Einkommen das verfügbare Einkommen erhöht;
- ❖ **demokratisch**: die Inanspruchnahme von Grundeinkommen darf nicht diskriminierend sein, deshalb müssen es alle Mitglieder der Gesellschaft bekommen.

(Zitatende)

Sollte in diesem Büchlein (so wie in der obigen Definition) einmal nur vom „Grundeinkommen" die Rede sein, so ist immer das „Bedingungslose Grundeinkommen" gemeint.

Ich betone das deshalb, weil ich vor einiger Zeit die Facebook-Gruppe „Bedingungsloses Grundeinkommen" auf „Das Grundeinkommen" umbenannt habe und mir dann der Vorwurf gemacht wurde, warum ich denn nun die Bedingungslosigkeit fallen lasse.

Ich habe darauf geantwortet – und das ist auch hier der Fall – dass das Grundeinkommen, wie wir es verstehen, eben die oben genannten VIER Merkmale haben soll. Daher müsste man eigentlich nicht nur von einem „Bedingungslosen Grundeinkommen", sondern von einem „Allgemeinen, existenzsichernden, personenbezogenen, bedingungslosen Grundeinkommen" sprechen, da alle VIER Merkmale wichtig sind.

Es hat sich aber eingebürgert, von „Bedingungslosem Grundeinkommen" oder verkürzt von „Grundeinkommen" zu sprechen. Sollten andere Formen gemeint sein (Partielles Grundeinkommen, Zirkulares Grundeinkommen, Solidarisches Grundeinkommen, etc.) müsste das dann speziell formuliert werden.

In diesem Sinne sind auch Modellversuche (wie in Finnland, in Heidenreichstein etc.) oder die „Grundeinkommens-Verlosungen" von www.mein-grundeinkommen.de oder www.ubi4all.eu keine echten Grundeinkommen, da sie zeitlich begrenzt und nicht allgemein sind. Sie dienen nur dazu, in bestimmten Aspekten Erfahrungen mit dieser Form eines „Einkommens" zu sammeln.

MARKUS SCHLAGNITWEIT:
PAPST FRANZISKUS UND DAS GRUNDEINKOMMEN IM KONTEXT VON KATHOLISCHER SOZIALLEHRE UND THEOLOGIE

Nun also auch der Papst: Am Ostersonntag 2020, hat Papst Franziskus in einem Brief Angehörige von vorwiegend in Lateinamerika tätigen Volksbewegungen (*movimentos populares*) und ihre oft verborgene Arbeit gewürdigt. Er nannte dabei Straßenhändler, Müllsammler, Erntearbeiter, Kleinbauern, Bauarbeiter und Menschen in pflegender Tätigkeit (und meinte damit in gleicher Weise Frauen wie Männer). Der Papst verwies auf ihre für das gesellschaftliche Zusammenleben wichtigen Beiträge. Weil sie für die Wirtschaft mit ihren marktorientierten Mechanismen aber weithin unsichtbar blieben, finde ihre Arbeit keine entsprechende Anerkennung, geschweige denn rechtliche Garantien, die sie schützten.

Dieses soziale Phänomen beschränkt sich freilich keineswegs auf den lateinamerikanischen Kontext: Angaben der Internationalen Arbeitsorganisation (ILO) zufolge arbeiten weltweit zwei Milliarden Menschen – ein Drittel davon Frauen – ohne jede Absicherung für Krankheit, Unfall, Arbeitslosigkeit oder Pension. Im Kontext der globalen Pandemie und ihrer notwendigen, das wirtschaftliche Leben stark einschränkenden Gegenmaßnahmen könnten aufgrund mangelnder sozialer Absicherungen am Ende sogar mehr Menschen an Hunger, Armut und Krankheiten sterben als am Virus selbst. Ähnlich das Entwicklungsprogramm der Vereinten Nationen (UNDP), das darauf hinweist, dass in den ärmsten Ländern der Erde sieben von zehn Arbeiter*innen von informeller Arbeit leben, aus der sie keine Ansprüche auf Sozialhilfe haben, und deshalb ein Grundeinkommen für diese Menschen fordert. Auf solche Beobachtungen gestützt, befürwortet auch der Papst in seinem Brief die Idee eines Grundeinkommens für arbeitende Menschen in prekären oder informellen Situationen – und zwar nicht nur *zur*, sondern auch *nach* Überwindung der Pandemie-Krise:

- Ein solches Grundeinkommen löse eine Forderung ein, die „so menschlich und zugleich so christlich ist: kein Arbeiter ohne Rechte."

Nur ein halbes Jahr später, im Herbst 2020, legte Papst Franziskus noch einmal nach: In seinem mittlerweile auch auf Deutsch erschienenen und auf Gesprächen mit dem Journalisten Austen Ivereigh basierenden Buch „Wage zu träumen!"[1] zeigt er mutige Wege aus der Covid19-Krise und fordert dabei nichts weniger als eine komplett neue Weltordnung bzw. eine Neuausrichtung der Gesellschaft in der Post-Covid-Welt. Eine zentrale Rolle spielt dabei erneut die Idee eines universellen bedingungslosen Grundeinkommens (BGE). Des Papstes wichtigste Argumente dafür lauten:

- Ein BGE würde die Beziehungen auf dem Arbeitsmarkt umgestalten und den Menschen die Würde garantieren, Beschäftigungsbedingungen ablehnen zu können, die sie in Armut halten würden.

---

[1] Pp. Franziskus, Wage zu träumen! Mit Zuversicht aus der Krise, München (Kösel) 2021, ISBN 978-3-466-37272-0.

- Es könnte den Menschen also eine nötige Basissicherheit geben, ferner das Stigma eines paternalistischen und zugleich in Abhängigkeit haltenden Wohlfahrtsstaates beseitigen und
- zudem den Wechsel zwischen Arbeitsplätzen erleichtern, wie es technologiegetriebene Arbeitsweisen zunehmend erfordern.
- Schließlich könnte ein BGE alle Menschen dazu befreien, das Verdienen des Lebensunterhaltes und den Einsatz für die Gemeinschaft miteinander zu verknüpfen.

Papst Franziskus führt in seinen Schreiben seine Argumente für ein BGE zwar nicht dahingehend weiter aus, dass daraus sehr viel zu gewinnen wäre für die politische Debatte über die konkrete weitere Ausgestaltung eines BGE-basierten Sozialsystems, dessen Finanzierung und dessen Konsequenzen für andere gesellschaftliche Ressorts wie Bildung, Gesundheit etc. Zahlreiche kritische Kommentare zur päpstlichen Befürwortung eines BGE unterstellen ihm deshalb mangelnden Realismus, bezweifeln seine Sachkompetenz oder relativieren des Papstes Ausführungen mit Blick auf dessen kulturellen Background: Möglicherweise meine die päpstliche Idee eines „universellen Grundeinkommens" nur eine Art weltweite soziale Mindestsicherung auf derart niedrigem Niveau, dass sie zwar in den Armutsregionen dieser Welt, die der Papst möglicherweise mehr im Blick habe als seine Vorgänger, eine Verbesserung für hunderte Millionen Menschen bringen würde, aber etwa für europäische Sozialkontexte faktisch indiskutabel sei.[2]

---

[2] So sinngemäß der Vorsitzende des deutschen Bundes Katholischer Unternehmer (BKU) U. Hemel in einem Interview im Domradio.de vom

Dennoch lassen sich von Papst Franziskus' zentralen Gedanken zum BGE her starke Schlüsse ziehen für die innerkirchliche Auseinandersetzung um ein BGE, für welche die Katholische Soziallehre [in Folge: KSL] die zentrale Bezugsbasis bilden muss. Gelegentlich wird ja ausgerechnet diese auch *gegen* die Idee eines BGE ins Treffen geführt – mE zu Unrecht.

Die Rechte und Würde der arbeitenden Menschen

Das päpstliche Schreiben vom Ostersonntag 2020 fand auch innerkirchlich breite Resonanz: Besonders erwähnenswert erscheint in unserem Zusammenhang die Reaktion des Präsidenten der Konferenz der Jesuiten Kanadas und USA, Timothy Kesicki[3], der das Anliegen des Papstes rundweg in eine Linie stellte mit der ersten Sozialenzyklika der katholischen Kirche *Rerum novarum*, deren Erscheinen sich heuer zum 130. Mal jährt: Ein Grundeinkommen könne wesentlich dazu beitragen, die Rechte und Würde der arbeitenden Menschen abzusichern.

Tatsächlich ist es eine grundlegende Gerechtigkeitsforderung der neuzeitlichen kirchlichen Sozialverkündigung seit *Rerum novarum*, dass alle arbeitenden Menschen und mit ihnen alle, für welche sie Verantwortung tragen, vom Ertrag ihrer Arbeit sicher leben können („Familienlohn"). Es ginge nun aber an der Realität vorbei, dieser Forderung lediglich durch einen solidarischen Kampf der Arbeitenden um die Garantie

---

4.12.2020 (https://www.domradio.de/nachrichten/2020-12-04/wirtschaftlich-unrealistisch-bku-zu-papst-forderung-nach-bedingungslosem-grundeinkommen).

[3] Vgl. „Faith in Action" vom 12.4.2020 (https://faithinaction.org/news/pope-francis-sends-letter-to-movement-leaders-on-easter-sunday-amid-covid-19-calls-on-world-to-consider-universal-basic-wage/).

ausreichender Lohnhöhen genügen zu wollen und daneben noch existenzsichernde soziale Auffangnetze für all jene zu organisieren, die aufgrund von Krankheit, Unfall, Alter, Ausbildung, Arbeitslosigkeit oder anderer Ursachen erwerbsunfähig sind. Die oben genannten Angaben von ILO sowie UNDP machen demgegenüber ja auf die – unabhängig von Pandemie-bedingten Verwerfungen auf den Arbeitsmärkten – *wachsende* Zahl von Menschen in prekären Arbeitsverhältnissen aufmerksam, die zwar Arbeit haben, daraus aber kein existenzsicherndes Einkommen für sich und die ihnen anvertrauten Menschen generieren können, geschweige denn für den Fall des Einkommensentfalls aufgrund schicksalhafter Ereignisse.

Aber selbst die Garantie bloß die nackte Existenz sichernder Familieneinkommen (entweder durch Erwerbsarbeit oder im Falle der Erwerbsunfähigkeit durch entsprechende soziale Transferleistungen) genügte dem eigentlichen Grundanliegen von *Rerum novarum* noch nicht: Diese erste Sozialenzyklika suchte ja nach einer Antwort auf die zu ihrer Zeit essentielle soziale Frage der gesellschaftlichen Integration der Industriearbeiterschaft. Diese Integrationsfrage beschränkt sich allerdings keineswegs nur auf Fragen der bloßen Existenzsicherung; sie muss vielmehr eine Antwort finden in der Garantie von allgemeinen bürgerlichen Grund- und Freiheitsrechten sowie von fundamentalen sozialen, wirtschaftlichen und kulturellen Grundrechten, wie sie etwa ein halbes Jahrhundert später Artikel 22 der Allgemeinen Erklärung der Menschenrechte von 1948 formuliert: *„Jeder Mensch hat als Mitglied der Gesellschaft Recht auf soziale Sicherheit; er hat Anspruch darauf, durch innerstaatliche Maßnahmen und internationale Zusammenarbeit unter Berücksichtigung der*

Organisation und der Hilfsmittel jedes Staates, in den Genuss der für seine Würde und die freie Entwicklung seiner Persönlichkeit unentbehrlichen wirtschaftlichen, sozialen und kulturellen Rechte zu gelangen." Artikel 23 derselben Erklärung führt diese Rechte noch weiter aus und schreibt ein Recht jedes Menschen auf Arbeit, auf freie Berufswahl, auf angemessene und befriedigende Arbeitsbedingungen sowie auf Schutz vor Arbeitslosigkeit fest. Dabei hebt er aber offensichtlich auf die historisch gewachsene (aber letztlich kontingente) Auffassung moderner Erwerbsarbeitsgesellschaften ab, wonach menschliche Arbeit einfach mit Erwerbsarbeit gleichgesetzt wird und deren Ausübung zugleich den „Normalfall" zur Herstellung von Existenzsicherheit bzw. die Voraussetzung darstellt, um „in den Genuss der […] unentbehrlichen wirtschaftlichen, sozialen und kulturellen Rechte zu gelangen". Das in Artikel 23 verbriefte Recht jedes Menschen auf Arbeit wird so zu einem Recht auf Erwerbsarbeit und in der beinahe weltweit üblich gewordenen Form freier Marktwirtschaft also auf marktgängige, „handelbare" Arbeit.

Die *Garantie* eines Rechts auf existenzsichernde Erwerbsarbeit – zumal unter Wahrung weiterer Grundrechte wie freie Berufswahl, angemessene und befriedigende Arbeitsbedingungen sowie Schutz vor Arbeitslosigkeit – steht nun aber gerade in einem sowohl logischen wie praktischen Widerspruch zu fundamentalen marktwirtschaftlichen Prinzipien, v.a. zur zentralen Steuerungsfunktion des freien Spiels von Angebot und Nachfrage. Dieser Aporie wird in modernen Erwerbsarbeitsgesellschaften auf zweierlei Weise begegnet: Um das Recht auf existenzsichernde Erwerbsarbeit, die in der Logik der Erwerbsarbeitsgesellschaft selbst zum existentiellen menschlichen Grundbedürfnis wird, sicherstellen zu können, hat sich einerseits das Maß des Wirtschaftswachstums nicht mehr länger an der Deckung anderer Grundbedürfnisse zu orientieren, sondern primär an der Herstellung eines ausreichenden Angebots von Erwerbsarbeit.[4] Andererseits verkehrt sich unter der Erwerbsarbeitsgesellschaften kennzeichnenden normativen Prämisse der Existenzsicherung durch Erwerbsarbeitseinkommen das Menschen*recht* auf Arbeit zu einer *Pflicht* zur Erwerbsarbeit: So zeigen etwa Langzeitstudien über die Entwicklung von arbeitsmarktpolitischen Maßnahmen zur Bekämpfung von (Erwerbs-)Arbeitslosigkeit und von Anspruchsvoraussetzungen für den Bezug von Arbeitslosengeld eine stetige Aushöhlung und Abschwächung von Zumutbarkeitsbedingungen bei der Annahme von Erwerbsarbeit.[5] Zudem gibt es Tendenzen, den Anspruch auf sozialrechtliche Transferleistungen im Falle von (Erwerbs-)Arbeitslosigkeit an die Erbringung von Arbeitsleistungen zu knüpfen. Konkrete Modelle, Arbeitslosengelder (auf die doch durch Einzahlung in die Sozialversicherung Anspruch erworben wird) nicht mehr ohne die Erbringung gesellschaftlich notwendiger bzw. nützlicher Gegenleistungen zu gewähren, liegen längst vor bzw. werden mancherorts bereits umgesetzt. Faktisch zeigen diese Tendenzen eindeutig die Vorrangstellung einer Begründung von Arbeitspflicht gegenüber der Umsetzung eines der Menschenwürde entsprechenden Rechts auf Arbeit. Die Vorordnung einer

---

[4] „Wirtschaftswachstum zur Sicherung und Vermehrung von Arbeitsplätzen", lautet das handlungsleitende wirtschaftspolitische Schlagwort, das eine Reihe von Verwerfungen nach sich zieht, angefangen von Überproduktion, geplanter Obsoleszenz von Produkten und künstlich stimuliertem Konsum bis hin zu desaströsen ökologischen Folgen.

[5] Vgl. etwa E. Tálos/H. Obinger, Sozialstaat Österreich (1945-2020), Innsbruck (Studienverlag) 2020, ISBN 978-3-7065-6052-8.

solchen Arbeitspflicht vor das Recht auf Arbeit ist jedenfalls eine nahe liegende, ständige Versuchung in einer Erwerbsarbeitsgesellschaft.

Gerade die staatliche (Sozial-)Gesetzgebung darf einer solchen Versuchung aber nicht erliegen. Angesichts der gebotenen Neutralität des Staates gegenüber unterschiedlichen Entwürfen von „gutem Leben" seitens seiner Bürger*innen ist es inakzeptabel, eine mögliche Lebensform – nämlich das geschichtlich kontingente und ideologisch begründete Arbeitsethos der Erwerbsarbeitsgesellschaft – als allgemein verbindliche Norm zu postulieren und sozialgesetzlich festzuschreiben. Stattdessen wäre es Aufgabe des weltanschaulich sich neutral zu verhaltenden Staates, neue Möglichkeiten der Teilhabe aller am gesellschaftlichen Reichtum zu entwickeln und sicherzustellen.

Die beiden genannten Menschenrechtsartikel können dafür einen aus der geschichtlichen Entwicklung herleitbaren, verlässlichen Wertmaßstab bieten: Die in Artikel 23 fest-geschriebene Deklaration eines Rechts auf Arbeit erfolgte – wie erwähnt – im sozialgeschichtlichen Kontext der modernen Industriegesellschaft. Sie wäre heute – angesichts sowohl der faktischen Unmöglichkeit als auch der primär technologisch begründeten Unnötigkeit, dieses Recht für alle sicherzustellen – mit dem „Recht auf existenzsicherndes Einkommen" als sozialem Grundrecht zu ergänzen, wenn nicht überhaupt zu ersetzen. Ein bedingungsloses Grundeinkommen würde das allgemeine, universale Menschenrecht auf soziale Sicherheit und gesellschaftliche Teilhabe unabhängig vom Besitz von Erwerbsarbeit zumindest materiell gewährleisten.

Was ist „Arbeit"?

Die Fragwürdigkeit des geschichtlich zwar kontingenten, aber die meisten aktuellen Sozialpolitiken immer noch dominierenden Arbeitsethos' moderner Erwerbsarbeitsgesellschaften gründet v.a. in seiner Engführung des Arbeitsbegriffs auf jene Leistungen, die auf den einschlägigen Märkten als „handelbar" gelten und demnach bezahlt werden. Verteidiger dieser normativen Koppelung von Erwerbsarbeit und Existenzsicherung berufen sich – zumal bei Diskussionen über das BGE in spezifisch christlichen Kontexten – oft auf einen „biblischen" Grundsatz: Im 2. Thessalonicherbrief des Apostels Paulus heißt es: *„Wer nicht arbeiten will, soll auch nicht essen."*[6] Nur wer nicht arbeiten *will*, hätte entsprechend der biblischen Maßgabe also keinen Anspruch auf Unterhalt. Das gilt im Sinne der Bibel aber natürlich keineswegs für Menschen, die zwar arbeiten *wollen*, aber keine adäquate, existenzsichernde Arbeit haben bzw. finden können. In diesem Fall wäre vielmehr eine andere Bibelstelle in Anschlag zu bringen: Im biblischen Gleichnis von den Tagelöhnern der ersten und der letzten Stunde[7] erhalten alle am Ende des Tages denselben existenzsichernden (Familien-)Lohn – jene, die erst knapp vor Ende des Arbeitstages Arbeit fanden und also nur kurz und logischer Weise mit entsprechend geringerem Arbeitsergebnis arbeiteten, genauso wie die Übrigen, die bereits (und teilweise bedeutend) länger ihre Leistung erbrachten. Das damit angesprochene Recht auf existenzsichernden Lebensunterhalt bemisst sich hier also in keiner Weise an der erbrachten effektiven Arbeitsleistung oder am marktwirtschaftlichen Wert bzw. Ertrag der geleisteten

---

[6] 2Thess 3,10b
[7] Mt 20,1-16

Arbeit, sondern einzig an der prinzipiellen Bereitschaft zu arbeiten. Das erwähnte Gleichnis kann aber entlang seiner inneren Logik noch weiter gedeutet werden: Wenn schon der Marktwert der geleisteten Arbeit im Sinne des biblischen Gerechtigkeitsbegriffs keine taugliche Begründung für deren (existenzsichernde) Entlohnung darstellt bzw. davon abgekoppelt wird, müsste das dann nicht auch generell für die Marktfähigkeit menschlicher Arbeit gelten, also für die Frage, welche Form von Arbeit überhaupt einen Anspruch auf Bezahlung generiert? Mit anderen Worten:: Die Bibel kennt als Voraussetzung für das Recht auf soziale Sicherheit zwar eine (sittliche) Pflicht zur Arbeit, setzt diese selbst aber keineswegs mit „marktfähiger" Arbeit gleich!

Genau darauf hebt Papst Franziskus in seinem Osterbrief 2020 ab, wenn er den Fokus auf die zahllosen Menschen richtet, die zwar gesellschaftlich sinnvolle, wichtige, ja sogar notwendige, aber offensichtlich eben nicht marktgängige, „handelbare" Arbeiten verrichten. Genau für diese Menschen fordert er eine gesellschaftlich garantierte Existenzsicherung. Tatsächlich führt die Koppelung von sozialer Sicherheit an marktgerechte, „handelbare" Erwerbsarbeit in den traditionellen Sozial-systemen ja zu paradoxen, letztlich absurden und jedenfalls ungerechten Unterscheidungen: Der Koch, der Lehrer, die Altenbetreuerin „arbeiten", denn sie erhalten für ihre Tätigkeit einen Lohn; die Hausfrau, die Mutter, die ihre alten Eltern pflegende Tochter tun in etwa dasselbe, „arbeiten" nach den in den traditionellen Sozialsystem geltenden Kriterien für Arbeitswilligkeit und andere soziale Anspruchsberechtigungen aber nicht oder nur in geringem Maß. Es gibt mittlerweile weithin anerkannte volkswirtschaftliche Studien, die berechnen, dass weltweit mindestens zwei Drittel aller gesellschaftlich notwendigen bzw. sinnvollen Leistungen unbezahlt – und großteils von Frauen – erbracht werden: in Haushalten, in Form ehrenamtlicher Tätigkeiten etc. Das sind – und darauf nimmt Pp. Franziskus auch in seinem Buch „Wage zu träumen!" zumindest implizit Bezug – Leistungen, die für ein funktionierendes gesellschaftliches Zusammenleben unentbehrlich sind und wesentlich zur Lebensqualität beitragen. Aber sie werden weder vom herrschenden Bewusstsein noch von den aktuellen Sozialsystemen als Arbeit anerkannt. Gelegentlich gibt es zwar Ansätze, dieser Ungerechtigkeit – immer im Rahmen des erwerbsarbeitsgesellschaftlichen Paradigmas der Koppelung von Arbeit und Einkommen – zu begegnen, indem etwa auch Zeiten der Familienarbeit bei der Berechnung von Sozialversicherungsleistungen angerechnet werden. Aber erstens werden hier viele andere unbezahlte Arbeitsleistungen weiterhin nicht erfasst; zweitens würde gerade deren totale Erfassung (sofern überhaupt möglich) zu einer fast durchgängigen Ökonomisierung aller Lebensbereiche führen, was keinesfalls im Sinne der KSL wäre: Gerade die Erbringung unentgeltlicher Leistungen zwischen Menschen ist unmittelbarer Ausdruck und zugleich Lernfeld für jene Solidarität, welche als unverzichtbares „Grundvitamin" gesellschaftlichen Zusammenhalts anzusehen ist.

Keine Frage: Arbeit ist dem biblischen Menschenbild nach und dementsprechend auch in der KSL konstitutiv für die Entfaltung der menschlichen Person. Die KSL spricht in diesem Zusammenhang sogar von der „Würde der Arbeit" und steht auch nicht an, Arbeit als sittliche Pflicht jedes Menschen nach Maßgabe seiner Möglichkeiten zu postulieren. Das bestreitet auch Pp. Franziskus keineswegs, wenn er sich für ein universelles Grundeinkommen ausspricht. Allerdings ist der biblische Arbeitsbegriff und darauf aufbauend der KSL ebenso wie Pp. Franziskus' nicht auf den engen Begriff der Erwerbsarbeit beschränkt. Für die KSL hat Arbeit nicht nur eine *naturale Funktion* im Dienste der Existenzsicherung bzw. des Unterhaltserwerbs: Als Mitwirkung am göttlichen Schöpfungswerk (*religiöse Dimension*) muss sie zudem in einem positiven Verhältnis zu Um- und Mitwelt stehen. Arbeit hat ferner eine *personale Dimension*, insofern der Mensch darin seine personale Würde als Ebenbild seines Schöpfergottes realisiert.[8] Arbeit integriert den Menschen schließlich auch sozial, schafft ihm Anerkennung und Möglichkeiten der gesellschaftlichen Partizipation und Mitwirkung. Diese von der KSL geforderte *soziale und politische Dimension* der Arbeit bleibt in der herrschenden Marktökonomie zumindest allen unbezahlten Arbeiten weitgehend versagt. Die im 2. Thessalonicherbrief angesprochene und von der KSL affirmierte sittliche Arbeitspflicht kann jedenfalls nur für Formen von Arbeit gelten, in denen die von der KSL geforderten Dimensionen wahrhaft menschlicher Arbeit in einem ausgewogenen Verhältnis zueinander stehen, also nicht etwa die Naturalfunktion einseitig über alle anderen Dimensionen dominiert. Nicht jede Form der heute am Arbeitsmarkt angebotenen Erwerbsarbeit ist demnach automatisch jene der Entfaltung des Humanums dienliche „gute" und würdevolle Arbeit, zu welcher allein ein Mensch *moralisch* verpflichtet werden kann. Und aus der Sicht der KSL ist einem Sozialsystem jedenfalls mit Kritik zu begegnen, das die Erfüllung dieser Arbeitspflicht ausschließlich

---

[8] Diese Forderungen werden aber z.B. keineswegs von Tätigkeiten erfüllt, die zwar bezahlt werden, u.U. aber destruktiv für die Umwelt sind, soziale Ungerechtigkeiten vergrößern oder den arbeitenden Menschen selbst schwer schädigen oder demütigen.

an der Integration in den Erwerbsarbeitsmarkt bemisst und nur im Falle von deren Unmöglichkeit „einspringt". Umgekehrt kann die Realisierung eines BGE einen wertvollen Beitrag dazu leisten, die soziale Ungerechtigkeiten und andere Verwerfungen generierende Koppelung von sozialer Sicherheit und gesellschaftlicher Teilhabe an marktkonforme Erwerbsarbeit ebenso aufzubrechen wie die Engführung des Arbeitsbegriffs auf eben diese. Die Erfahrung zeigt vielmehr, dass alleine schon die Debatte um ein BGE auch die unverzichtbare, immer wieder neu zu führende Auseinandersetzung um Sinn, Würde und Bedeutung von Arbeit sowohl für die Entfaltung der menschlichen Person als auch für den gesellschaftlichen Zusammenhalt fördert.

Befreiung zur Eigenverantwortung

Das Subsidiaritätsprinzip der KSL *verbietet* allen sozial übergeordneten Einheiten, Aufgaben zu übernehmen, die auch von untergeordneten sozialen Einheiten gelöst werden können; zugleich *verpflichtet* es die übergeordneten Einheiten aber auch, dort – subsidiär im eigentlichen Wortsinn – einzugreifen, wo untergeordnete Einheiten überfordert sind.

Konservative Polemiken gegen ein BGE orten nun gerade dessen Widerspruch zu diesem Grundprinzip der KSL. Ihr Vorwurf: Ein BGE spricht dem Menschen die Fähigkeit ab, selbst für seinen Unterhalt zu sorgen; er wird vielmehr „zwangsbeglückt" durch Transferleistungen, die er vielleicht gar nicht benötigt oder will. Abgesehen von der schon rein formallogischen Fehlerhaftigkeit dieses Vorwurfs[9] sollte

---

[9] Abgesehen von der Tatsache, dass moderne BGE-Konzepte häufig Reformen der Einkommensbesteuerung dahingehend vorsehen, dass auf Basis einer entsprechenden Steuerprogression Menschen mit entsprechend

aufgrund des oben Dargelegten evident sein: Die herrschende Marktökonomie schafft keine ausreichenden und für alle Menschen gleichermaßen zugänglichen Möglichkeiten, ihrer sittlichen Pflicht zu einer „guten" Arbeit im Sinne der KSL nachzukommen; aufgrund ihrer eigenen Logik hat sie auch gar kein originäres Interesse daran. Vor diesem Hintergrund steht nun aber ein BGE gerade nicht im Widerspruch zum Subsidiaritätsprinzip der KSL, sondern lässt sich – im Gegenteil – sogar daraus begründen.

Angesichts des Versagens der Marktökonomie, allen dazu willigen Menschen eine Möglichkeit zu „guter" Arbeit im Sinne der KSL und damit zu einer menschen- und gesellschaftsgerechten Form der Existenzsicherung zu bieten, wirkt das BGE subsidiär im eigentlichen Wortsinn[10]: Der einzelne Mensch gewinnt dadurch erst den Freiraum, einer Arbeit nachzugehen, welche die Anforderungen der KSL für „gute" Arbeit erfüllt, und zu der allein er sittlich verpflichtet werden kann. Es ist genau diese Sichtweise von Subsidiarität, die Papst Franziskus auch in seinem Buch „Wage zu träumen" als Argumentationslinie für die Einführung eines BGE ins Treffen führt: Ein BGE würde die Beziehungen auf dem Arbeitsmarkt neu gestalten und den Menschen die sittlich unabdingbare Freiheit[11] garantieren, Beschäftigungs-

---

hohen Einkommen Ihr Grundeinkommen über die Einkommenssteuer ohnehin wieder an die Allgemeinheit „zurückzahlen" würden, bliebe es den Menschen ja völlig unbenommen, ihr BGE wieder zu spenden, zu verschenken etc., wenn sie es partout nicht annehmen möchten.

[10] Von lat. *subsidium* = Hilfe, Unterstützung.

[11] Das Subsidiaritätsprinzip der KSL wird von konservativen Kreisen ja gerne zum „Prinzip Eigenverantwortung" verkürzt. Dabei wird geflissentlich übersehen, dass – einem ethischen Grundparadigma folgend – Verantwortung immer Freiheit im Sinne der Möglichkeit, ohne

bedingungen ablehnen zu können, die sie in ihrer Würde gefährden, die sie in Armut halten oder zu deren Annahme sie einzig der existenzielle Überlebensdruck nötigt.

Der Papst geht in seinem Buch sogar noch weiter: Ganz gegen die Argumente von BGE-Gegnern, die ein BGE als gesellschaftliche Bevormundung bzw. Ausdruck eines wohlfahrtsstaatlichen Paternalismus' zu denunzieren versuchen, warnt er zwar ebenfalls vor der Stigmatisierung eines paternalistischen und zugleich in Abhängigkeit haltenden Wohlfahrtsstaates, sieht ein BGE aber gerade als ein Gegenmittel dazu, weil es den Freiheits- und damit auch den Verantwortungsraum des Einzelnen in jedem Fall vergrößere statt einschränke.

Auch die Tatsache, dass ein BGE nach Ansicht des Papstes den Wechsel zwischen Arbeitsplätzen erleichtern würde, wie es technologiegetriebene Arbeitsweisen zunehmend erfordern, zeigt, wie sehr er ein BGE für ein echtes, zeitgemäßes „subsidium" zur Gewährleistung des ganz im Sinne der KSL verstandenen Subsidiaritätsprinzips mit seiner vorhin erwähnten doppelten Stoßrichtung hält.

Stärkung der Solidarität
Solidarität kann als „Grundvitamin" gesellschaftlichen Zusammenhalts bezeichnet werden. Die KSL versteht Solidarität deshalb nicht primär als moralische Forderung bzw. eine

---

Einschränkungen bzw. äußere Einflussfaktoren zwischen verschiedenen Handlungsoptionen wählen zu können, unabdingbar voraussetzt. Die Absenz dieser Grundfreiheit macht jede Rede von „Verantwortung" vielmehr sinnlos. Wo diese Grundfreiheit also nicht gegeben ist, muss sie – als Voraussetzung für die Anwendung des Subsidiaritätsprinzips und zugleich auf seiner Grundlage! – erst hergestellt werden!

solidarische Haltung als moralische Tugend, sondern eher als eine Seinstatsache, als *Konstitutivum* und Grundbedingung funktionierenden Gesellschaftslebens. So sehr die singuläre menschliche Person „Wurzelgrund [...], Träger und Ziel aller gesellschaftlichen Institutionen ist"[12], die ihre Rechtfertigung in dem Maße besitzen, in welchem sie deren freie Entfaltung fördern, schützen und gewährleisten, so sehr ist die Freiheit der menschlichen Person wiederum kein für sich stehender Selbstzweck, sondern als deren Voraussetzung untrennbar mit der sittlichen Verantwortung des einzelnen Menschen als sozialem Wesen verknüpft. Mit anderen Worten: Die Gesellschaft und ihre Einrichtungen haben der freien Entfaltung der menschlichen Person zu dienen; diese wiederum entfaltet sich gerade auch in der aktiven, partizipativen Mitgestaltung des gesellschaftlichen Lebens.

Kritiker eines BGE sehen durch dieses gerade das KSL-Grundprinzip der Solidarität gefährdet, und zwar auf doppelte Weise:

a) Wenn jener Bevölkerungsanteil immer geringer wird, welcher die wirtschaftlichen Werte schafft, um ein BGE für alle finanzieren zu können, könnte das dessen Solidaritätsbereitschaft überstrapazieren und schließlich in eine Spaltung der Gesellschaft münden. Dieses Argument hat allerdings nur Gültigkeit im (wie bereits gezeigt wurde: fragwürdigen, weil verkürzenden) paradigmatischen Arbeits- bzw. Wertschöpfungsbegriff einer Erwerbsarbeitsgesellschaft, welche nur die klassische, am Arbeitsmarkt handelbare Erwerbsarbeit als ökonomisch wertschaffende Arbeit anerkennt. Wirtschaftliche Werte

---

[12] Vaticanum II, Gaudium et spes, 25.

werden aber – darauf verweist auch der päpstliche Osterbrief 2020 – (sogar mehrheitlich) auch ohne Entlohnung generiert. Auch jenen Menschen ihren Lebensunterhalt in ausreichendem Maß zu gewährleisten, welche überwiegend oder sogar ausschließlich ohne garantierte Entlohnung auf diese Weise ihren gesellschaftlichen Beitrag leisten, wäre also gerade Ausdruck gesellschaftlicher Solidarität – und nicht deren Gefährdung.

b) Auch der Verweis auf die Gefahr, ein BGE könne von maßgeblichen Teilen der Gesellschaft dazu missbraucht werden, sich des eigenen produktiven Beitrags zum Gesellschaftsleben zu entziehen, verfängt nicht wirklich. Vielmehr ist davon auszugehen, dass das menschliche Solidarverhalten in hohem Maß von sozialen Erfahrungen geprägt ist: Könnte es also nicht sein, dass nur solche Menschen, die sich von der Gesellschaft, in der sie leben, als nicht wertgeschätzt, als ausgebeutet oder ausgegrenzt erfahren, verständlicher Weise wenig Motivation haben, dieser sie „schlecht behandelnden" Gesellschaft etwas aus freien Stücken zurück zu geben? Und kann umgekehrt nicht davon ausgegangen werden, dass eine Gesellschaft, die allen ihren Mitgliedern – z.B. *durch* ein BGE (!) – unbedingte Wertschätzung und Akzeptanz signalisiert, mit einer hohen Bereitschaft ihrer Mitglieder rechnen darf, dieser sie „gut behandelnden" Gesellschaft auch viel zurück zu geben? Gerade dadurch würde ein BGE aber das Maß gesellschaftlicher Solidarität enorm steigern – sowohl auf der Ebene solidarischer Haltung als auch solidarischen Verhaltens bzw. Handelns.

Auf genau diesen Zusammenhang dürfte das Argument von Pp. Franziskus verweisen, wonach ein BGE alle Menschen dazu befreien könnte, das Verdienen des Lebensunterhaltes und den Einsatz für die Gemeinschaft miteinander zu verknüpfen. Der Papst scheint diese beiden Aspekte menschlichen Gesellschaftslebens als geradezu selbstverständlich und zugleich gleichwertig vorauszusetzen. Beide sind für die Entfaltung der menschlichen Person unabdingbar und notwendig und beide bedingen einander. Ein BGE kann das notwendige Gleichgewicht zwischen ihnen jedenfalls bedeutend besser gewährleisten als eine Erwerbsarbeitsgesellschaft, welche das Verdienen des Lebensunterhalts priorisiert und sich zugleich die Früchte des ebenso lebensnotwendigen Einsatzes für die Gemeinschaft unentgeltlich aneignet.

Höchster sittlicher Anspruch

Schließlich noch eine grundsätzliche Anmerkung zur gegenseitigen Bedingtheit von Freiheit und sittlicher Verantwortung: Kritiker eines BGE befürchten ja häufig schwere Schäden für die Leistungs- und Arbeitsmoral einer Gesellschaft. „Mit einem Grundeinkommen würde ja niemand mehr arbeiten wollen!", malen sie den Teufel an die Wand. Aber nicht nur, dass sie damit ein äußerst pessimistisches Menschenbild vertreten.[13] Auch der hier Verwendung findende Moralbegriff ist äußerst fragwürdig. Es wird hier ja implizit davon ausgegangen, dass Menschen nur durch äußeren Druck bzw.

---

[13] Glauben sie nicht daran, dass jeder Mensch ein originäres, wenngleich mitunter „verschüttetes" Interesse daran hat, etwas sinnvolles bzw. sinnstiftendes mit seinem Leben anzufangen? Und was als „sinnvoll" erfahren wird und gilt, hängt doch erfahrungsgemäß auch stark von dessen Anerkennung durch die Mitwelt ab.

Sanktionen zu moralisch integrem Verhalten gebracht werden können. Dabei wird allerdings die erste Grundbedingung sittlichen Handelns außer Acht gelassen: Freiheit. Moralische Verantwortung setzt Freiheit voraus (– so wie Freiheit natürlich wiederum deren verantwortlichen Gebrauch verlangt).

Zugegeben: Die Gefahr des Missbrauchs ist immer gegeben, wo es Freiheit gibt. Soll diese deshalb aber möglichst klein gehalten werden durch gesetzlichen Druck bzw. die Androhung von Sanktionen? Erfahrungen aus der Pädagogik zeigen jedenfalls: Eine Erziehung, die sich auf das Ziehen von Grenzen, Vorschreiben von Regeln und Exekutieren von Sanktionen beschränkt und niemals in die Freiheit entlässt, generiert keinesfalls moralisch integre Menschen. Ihr Ergebnis sind bestenfalls moralisch gegängelte Menschen, die stets an der Grenze des Erlaubten (aber keineswegs des *per se* Guten) entlang schrammen, während sie gar nicht in die Lage kommen, im Vollsinn des Wortes *sittlich* zu handeln, d.h. aus innerer Einsicht und Freiheit heraus. Es ist durchaus Aufgabe des staatlichen *Rechtssystems*, notwendige Rahmenbedingungen und Standards für ein funktionierendes gesellschaftliches Zusammenleben zu setzen. Eine christliche Ethik kann sich aber mit der bloß rechtlichen Absicherung der sozialen Ordnung keineswegs zufrieden geben; Ziel muss vielmehr stets die Entfaltung der menschlichen Person als *sittliches* Wesen sein, d.h. der verantwortungsbewusste Umgang des Menschen mit bzw. in seiner Freiheit.

Pp. Franziskus scheint jedenfalls davon überzeugt zu sein, dass ein BGE in jedem Fall den Freiheitsraum aller Menschen vergrößern würde. In der Bewertung durch die christliche Sozialethik bedeutet dieser vergrößerte Freiheitsraum deshalb aber keineswegs eine Gefahr für die öffentliche Moral, sondern

– gerade im Gegenteil – einen deutlich vergrößerten moralischen Anspruch der Gesellschaft gegenüber allen ihren Mitgliedern als sittlichen Subjekten! Dementsprechend ist auch die Berechtigung, gesellschaftsschädigendes Verhalten streng zu sanktionieren, desto größer, je mehr Freiheit im Sinne individueller Gestaltungsspielräume eine Gesellschaft ihren Mitgliedern einräumt und garantiert.[14]

Das Argument, ein BGE fördere asoziales bzw. auch individuell unsittliches Verhalten, entbehrt also jeder Grundlage. Es ist – im Gegenteil – festzuhalten, dass ein BGE sittlich weitaus höhere Anforderungen an die einzelnen Menschen stellt als traditionelle Gesellschaftsmodelle: Kein Mensch, der in den Genuss eines BGE kommt, kann mehr sagen: „Eigentlich wollte ich mit bzw. aus meinem Leben etwas ganz Anderes machen, aber ich hatte ja nie die Gelegenheit dazu." Die Freiheit, die ein BGE gewährt, stellt den Menschen vielmehr unvertretbar vor die Sinnfrage über sein Leben. Vielleicht ist es gerade das, was vielen Menschen beim Gedanken an ein BGE – bewusst oder unbewusst – Sorgen und mitunter sogar Angst macht. Diese Angst ist ernst zu nehmen, aber sie ist kein grundsätzliches Argument gegen ein BGE. Vielmehr signalisiert sie wichtige Aufgaben für das Bildungssystem: Die Bildungsziele öffentlicher Einrichtungen hätten sich demnach weniger an den Erfordernissen der Arbeitsmärkte zu orientieren, sondern an der Notwendigkeit, Menschen dazu zu befähigen, ihre ureigenen Fähigkeiten und Begabungen entwickeln und auf dieser Grundlage die Sinnfrage über ihr Leben positiv beantworten zu können.

---

[14] Das träfe in einer BGE-Gesellschaft insbesondere auf Schwarz-Arbeit, Korruption etc. zu.

40

Theologie des Grundeinkommens

„Basiert das Konzept eines BGE auf einem realistischen Menschenbild und nimmt es die biblisch begründete, sündhafte Gebrochenheit des Menschen ausreichend ernst?", so lautet schließlich die entscheidende theologisch-anthropologische Anfrage an die Idee eines BGE. M.a.W., ist der Mensch reif für ein BGE? Braucht er nicht vielmehr Kontrollinstanzen und andere Druckmittel, um gesellschaftsfähig und nicht asozial zu agieren, um also die geschenkte Freiheit nicht zum Schaden seiner selbst bzw. der Gesellschaft auszunutzen?

Für den christlichen Glauben tut sich damit eine noch viel weiter ausholende Grundfrage auf: So sehr es wahr ist, dass die biblische Anthropologie keinem naiven Optimismus in Hinblick auf eine „natürliche, ursprüngliche Gutheit" des Menschen huldigt, so wenig teilt sie den anthropologischen Pessimismus der BGE-Skeptiker. Denn damit würde im selben Atemzug die gesamte biblische Botschaft, insbesondere die Botschaft der Bergpredigt, als (politisch) irrelevant und unrealistisch denunziert. Deren Kerngedanke und Grunddynamik hält es ja für möglich, dass der Mensch durch die Erfahrung der stets bedingungslosen göttlichen Zuwendung und Liebe geheilt und fähig wird, in Antwort auf diese Erfahrung die Grenzen des Egozentrismus zu überwinden und selbst wieder bedingungslos zu lieben. Das ist der unüberholbare Kernbestand der biblischen, insbesondere der jesuanischen Botschaft! – Wer also das Menschenbild eines BGE als unrealistisch, naiv und irregeleitet abtut, muss sich seitens der christlichen Theologie vorhalten lassen, mit dieser Haltung Gott selbst den Vorwurf eines falschen, unrealistischen Menschenbildes zu machen, wenn Er dem Menschen das Geschenk seiner Liebe zumutet – und zwar bedingungslos: ohne Vorleistung, ohne

Gegenleistung, ohne sonstiges Verdienst und einzig im Vertrauen darauf, dass der Mensch auf diese bedingungslose Vorleistung Gottes eine adäquate Antwort zu finden vermag.

Vor diesem Hintergrund könnte das Konzept eines BGE also sogar als Versuch einer direkten gesellschaftspolitischen Umsetzung der biblischen Grundkategorie der Bedingungslosigkeit betrachtet werden: Dem Menschen wird seitens der Gesellschaft bedingungslos der Freiraum zugestanden und eröffnet, sich dieser positiven Vorleistung entsprechend zu verhalten und nun seinerseits das ihm Mögliche zu einem gelingenden gesellschaftlichen Zusammenleben beizutragen – oder eben nicht. Die Eigenverantwortung, die dem einzelnen Menschen mit der Gewährung eines BGE zugemutet wird, ist – darauf wurde bereits hingewiesen – ungleich größer als in allen anderen Gesellschaftsmodellen, die auf Leistungskontrolle und mit Strafe belegte Missbrauchsverbote aufbauen. Aber gerade diese – gewiss riskante – Zumutung von Freiheit und Verantwortung findet ihr Vorbild in jener Bedingungslosigkeit, in welcher der biblische Gott sich selbst dem Menschen zumutet und ausliefert.

Pp. Franziskus entfaltet in seinen positiven Äußerungen zu einem universellen Grundeinkommen zwar keine derartigen explizit theologischen Bezüge. Aber alleine die Tatsache, dass er sich erstmals und ausgerechnet in einem Osterbrief zur Idee eines BGE äußert, legt es nahe, sein Eintreten für ein BGE auch in einer solch explizit theologischen Begründung zu verankern.

Resümee

Gewiss, das endgültige Offenbar- und Wirklichkeit-Werden des Gottesreiches steht erst noch aus. In der eschatologischen

Spannung zwischen „Schon und Noch-Nicht" wird auch der realpolitische Weg zur Realisierung eines BGE nicht ohne Kompromisse und Zwischenschritte auskommen. Eine BGE-Gesellschaft wird in diesem Sinn nicht von heute auf morgen realisierbar sein, sondern bedarf kluger, aber gleichwohl entschlossener Umsetzungsschritte auf vielen Teilgebieten der Gesellschaftspolitik, deren Aufzählung bzw. Darstellung nicht Aufgabe dieses Beitrags ist. Das Konzept eines BGE ist vielmehr als gesellschaftspolitische Richtungsforderung bzw. Zielangabe mit realpolitischer Relevanz zu betrachten, sofern Realpolitik nicht als zielblinder Pragmatismus verstanden wird, sondern als die Durch- und Umsetzung all jener Schritte, die notwendig sind, um ein als sinnvoll und erstrebenswert erkanntes Ziel zu erreichen.

Zugleich muss klar sein, dass die Einführung eines BGE keinen eingleisigen Weg markiert: Ob ein BGE nur der sozialen „Aussteuerung" und damit weiterer Marginalisierung von prekarisierten Bevölkerungsgruppen dient oder die gesellschaftliche Organisation und Sozialpolitik unter den Bedingungen einer – vor allem technologiebedingt – noch nie dagewesenen Produktivität vielmehr modernisiert und von den durch das industriegesellschaftliche (damit aber historisch kontingente) Erwerbsarbeitsparadigma verursachten Verwerfungen und Ungerechtigkeiten befreit, ist keineswegs ausgemacht und wird Gegenstand politischer Auseinandersetzungen bleiben müssen. Schließlich wäre es auch naiv zu glauben, ein BGE würde rundweg alle Probleme und Herausforderungen des gesellschaftlichen Zusammenhalts und der sozialen Gerechtigkeit einfach mit einem Schlag lösen.

Diese Naivität ist gewiss auch nicht Pp. Franziskus zu unterstellen, der ein BGE dennoch klar befürwortet und – das hat dieser Artikel zu zeigen versucht – sich damit fest auf dem Boden der kirchlichen Soziallehre stehend wissen darf. Mag sein, dass das Menschen- und Gesellschaftsbild, das dem Konzept eines BGE sowie dem christlichen Glauben zugrunde liegt, nicht von allen geteilt wird. Dass es aber in keinem Widerspruch zu den Grundprinzipien der KSL, sondern – im Gegenteil! – durchaus in Einklang damit zu bringen und sogar biblisch-theologisch begründbar ist, wollte dieser Artikel zeigen und muss zumindest Christ*innen – ungeachtet ihrer partei- und interessepolitischen Präferenzen – ein Anlass sein, sich ernsthaft damit auseinander zu setzen.

Wien, im Juni 2021

Dieser Text erschien erstmals im Sept. 2021 auf furche.at

Biografische Angaben:

Dr. Markus Schlagnitweit
Direktor der ksoe (Katholische
Sozialakademie Österreichs)

© ksœ; Foto-Credits:
www.johannwagner.photos

- **1962** geboren in Linz
- **1980-82** Mitarbeit im väterlichen Kleinbetrieb &
  Zivildienst als Holzknecht im Landesforstrevier
  Leonstein/Steyrtal
- **1982** Eintritt ins Linzer Priesterseminar
- **1984-91** Fortsetzung der Priesterausbildung
  im Pontificium Collegium Germanicum-Hungaricum in Rom
- **1989** Priesterweihe
- Studium der Kath. Fachtheologie und der Sozialwissenschaften in Linz, Innsbruck und Rom: 1988 Bacc. theol.;
  1990 Bacc.rer.soc.; 1991 Lic.rer.soc.; 1995 Dr. rer.soc

- **1989-95** Kooperator in Steyr – St. Josef/Ennsleiten,
- **1992-95** Geistl. Assistent der Kath. Hochschuljugend (KHJÖ)
  Wien
- **1995-97** Kooperator in Wels – St. Stephan/Lichtenegg
- **1997-2018** Hochschulseelsorger an der Kath.
  Hochschulgemeinde (KHG) Linz

- **2005-09** Direktor / **2010-13** Mitarbeiter der Kath. Sozialakademie Österreichs (ksœ)
- **Seit 2013** AkademikerInnen- & KünstlerInnenseelsorger der Diözese Linz
- **Seit 2017** Rektor der Ursulinenkirche Linz
- **2019-20** Korrespondierendes Mitglied / **Seit 2020** Direktor der Kath. Sozialakademie Österreichs (ksœ)

Zuletzt erschienen: „Einführung in die Katholische Soziallehre" (Herder 2021) und „Was Jesus tun würde – Anregungen für politisches Handeln heute" (Styria 2021)

FRANZ SEGBERS

WEGE ZU EINEM BEDINGUNGSLOSEN GRUNDEINKOMMEN AUS DER VISION VON EINEM LEBEN IN WÜRDE UND SICHERHEIT[15]

Das Bedingungslose Grundeinkommen: Die Vision von einem Leben in Würde

In seinem leider kaum beachteten Buch „Wage zu träumen", das Papst Franziskus während des Lockdowns der Coronakrise verfasst hat, appelliert er, die Zeit der Unterbrechung für ein Umdenken zu nutzen. Er fordert dabei nichts weniger als eine komplett neue Weltordnung in der Post-Covid-Zeit. Bestandteil des Umdenkens sollte die Anerkennung des Wertes der Arbeit von Nicht-Erwerbstätigen für die Gesellschaft. Eine Frucht der Unterbrechung ist ein Vorschlag, der ihm wichtig zu sein scheint, denn er hatte ihn bereits öfter gemacht: „Ich glaube deswegen, dass es an der Zeit ist, Konzepte zu bedenken wie das universale Grundeinkommen ... Das Grundeinkommen könnte die Beziehungen auf dem Arbeitsmarkt umgestalten und den Menschen die Würde garantieren, Beschäftigungs-bedingungen ablehnen zu können, die sie in Armut gefangen halten. Sie würde den Menschen die benötigte grundlegende Sicherheit geben."[16] Sein Anliegen ist es, Armut und soziale

---

[15] Der Beitrag ist eine aktualisierte Fassung des Beitrags: Franz Segbers, Die Krise der Arbeit und das Menschenrecht auf soziale Sicherheit, in: Katholische Arbeitnehmerbewegung, Diözesanverband Köln (Hg.): Zur Freiheit berufen. Christen für ein Grundeinkommen, Paderborn 2019, S. 31-48.

[16] Papst Franziskus, Wage zu träumen. Mit Zuversicht aus der Krise, München 2020, S. 168f.

Unsicherheit zu bekämpfen. „Durch die Bereitstellung eines universellen Grundeinkommens befreien und befähigen wir die Menschen, in würdiger Weise für die Gemeinschaft zu arbeiten."

Diese Einladung des Papstes, die Coronakrise für eine Kurswechsel zu nutzen, findet in der Realität der politischen Debatten keinen Widerhall. Welche realpolitischen Durchsetzungschancen ein Bedingungsloses Grundeinkommen hat, zeigte die verquere politische Debatte über die Neuordnung des Hartz-IV-Regimes durch ein Bürgergeld. Die Kölnische Rundschau meldete am 11. November 2022: „Das Bürgergeld kommt einer neuen Umfrage zufolge bei einer Mehrheit der Menschen in Deutschland nicht gut an. … Eine Mehrheit der Befragten schloss sich zudem der Kritik an, dass es durch die neue Leistung zu wenig Anreize für Arbeitslose gebe, sich um eine neue Stelle zu bemühen. 68 Prozent sahen das so, 26 Prozent teilten diese Kritik nicht." Streitpunkt ist nicht so sehr das Geld, sondern dass mit der geplanten Reform der Anreiz zur Arbeit gelockert wird. Die deutsche Öffentlichkeit ist weit davon entfernt, eine strikte Bindung von Leistung und Gegenleistung aufzugeben. Hart arbeitenden Menschen müssten mehr haben als Arbeitslose! Jede auch noch so kleine Abweichung von einem Pfad, der das Recht auf eine Sozialleistung an eine Gegenleistung bindet, fällt unter ein Verdikt. Der Wirtschaftsrat der CDU nennt es folglich auch „absurd", dass in den ersten sechs Monaten Sanktionen ausgesetzt werden und fordert, gemeinnützige Arbeit als Test der Arbeitsbereitschaft einzusetzen. „Hartz IV ist die Gegenleistung für die Verpflichtung zu kostenloser gemeinnütziger Tätigkeit."[17] Sozialleistung ist kein Recht, sondern eine Gegenleistung. Der Fraktionsvorsitzende der CDU Friedrich Merz sieht gar einen sozialpolitischen Paradigmenwechsel am Horizont: „Dieses sogenannte Bürgergeld ist der Weg in ein bedingungsloses Grundeinkommen aus Steuermitteln."[18] Die bayerische Sozialministerin Ulrike Scharf sekundiert und sieht „einen schleichenden Umbau hin zum bedingungslosen Grund-einkommen"[19.]

Ganz anders ist die Diskussionslage in der Partei DIE LINKE. Sie hat sich als erste Partei in einem Wählerentscheid im Herbst 2022 mehrheitlich für die Aufnahme der Forderung nach einem Bedingungslosen Grundeinkommen ins Parteiprogramm ausgesprochen. Der Parteivorstand wollte eine konfrontative Abstimmung über einen Mitgliederentscheid zwar abwehren, konnte ihn jedoch nicht verhindern. Heftig hatte sich gerade der Gewerkschaftsflügel gegen ein Grundeinkommen positioniert. Auch wenn sich eine satte Mehrheit von 56 Prozent der Mitglieder für und lediglich 38 Prozent gegen die Aufnahme der Forderung in das Wahlprogramm ausgesprochen hatte, erstaunt angesichts der Schärfe der geführten Auseinandersetzung die letztlich doch schwache Beteiligung am Mitgliederentscheid von nur 33 Prozent.

---

[17] CDU-Wirtschaftsrat, Wirtschaftsrat: CDU und CSU müssen das Bürgergeld im Bundesrat stoppen. Pressemitteilung vom 21.7. 2022(Zugriff am 22.11.2022).

[18] DIE WELT vom 11.11.2022 (Zugriff am 22.11.2022).

[19] Bayerisches Staatsministerium Familie, Arbeit und Soziales, Pressemitteilung vom 13.9.2022 (Zugriff am 22.11.2022). - Der Ende November 2022 erzielte politische Kompromiss streicht die sanktionsfreie Zeit und verfestigt das bisherige Prinzip von Fordern vor Fördern. - Der Druck auf Hilfebezieher wird nicht gelockert.

Diese Konfliktlage zeigt, dass es nicht ausreicht, die Forderung nach einem Bedingungslosen Grundeinkommen immer wieder und mit neuen Argumenten zu begründen. Ein neuer und anderer Zugang zur Debatte über ein Bedingungsloses Grundeinkommen muss gefunden werden. Die Forderung nach einem Grundeinkommen - und dies ist meine These, die ich im Folgenden erläutern möchte – kann erst dann politisch relevant werden, wenn sie sich als ein alternativer Debattenbeitrag in die aktuellen Diskussionen einbringt und aufzuzeigen vermag, dass sie einen attraktiven sozialpolitischen Reformpfad eröffnen kann.

Von der Arbeitslosigkeit zur prekären Vollerwerbsgesellschaft

Bereits Ende der fünfziger Jahre, also mitten in der Wachstumsphase des Kapitalismus, diagnostizierte Hanna Arendt, dass aufgrund der voranschreitenden Automation die Fabriken in wenigen Jahren von Menschen sich geleert haben werden und die Menschheit „von der Last der Arbeit" befreit sei.[20] An dieser Prognose knüpfte der bedeutende Soziologe Ralph Dahrendorf in den achtziger Jahren an und sprach von einer systemlogischen Krise des auf Erwerbsarbeit basierenden Gesellschaftstyps. „Der Arbeitsgesellschaft geht nicht nur die Arbeit aus, sondern ihr muss die Arbeit ausgehen." [21] Dass

---

[20] Hannah Arendt, Vita activa oder vom tätigen Leben [1958], München-Zürich 1981, S. 11.

[21] Ralf Dahrendorf, „Wenn der Arbeitsgesellschaft die Arbeit ausgeht", in: Joachim Matthes (Hg.), Krise der Arbeitsgesellschaft? Verhandlungen des 21. Deutschen Soziologentages in Bamberg, Frankfurt a. M. / New York 1982, S. 31.

Erwerbsarbeit entfalle und Arbeitslosigkeit entstehe, sei kein Defizit des Systems, sondern eine unvermeidliche Begleiterscheinung der ökonomischen und technologischen Entwicklung. Angesichts dieser Entwicklung prognostiziert Dahrendorf: „Wir stehen möglicherweise an der Schwelle zu einer Gesellschaft, in der Erwerbsarbeit gegenüber Formen der freien Tätigkeit zurücktritt, in diesem Sinne am Ende der Arbeitsgesellschaft und am Beginn von so etwas wie der Tätigkeitsgesellschaft."[22] Doch weder die Erwartung, dass die ökonomische Entwicklung und der technologische Fortschritt dazu führen werden, Menschen von der Last der Erwerbsarbeit befreien würde, noch Dahrendorfs Aussicht, dass die Arbeitsgesellschaft zu einer Tätigkeitsgesellschaft werde, ist eingetreten. Alle Voraussagen vom Ende der Arbeit haben sich empirisch als falsch erwiesen. Allen Unkenrufen vom Ende der Arbeit zum Trotz steigt die Arbeitszeit und die Zahl der Erwerbsarbeitsplätze nimmt zu. Die Beschäftigtenzahlen erreichen einen Höchststand und die Arbeitslosigkeit sinkt. Der Gesellschaft sind weder Erwerbsarbeit noch Arbeitsplätze ausgegangen.

Diese glänzenden Zahlen täuschen jedoch darüber hinweg, dass die Arbeitsgesellschaft in einer tiefen Krise steckt. Es kommt nämlich keineswegs zu einer Wiederkehr der Vollbeschäftigung, wie es sie in den sechziger oder siebziger Jahren gab. Vielmehr zeichnet sich hinter den Zahlen eines wachsenden Beschäftigungsaufbaus die dramatische Entwicklung zu einer prekären Vollerwerbsgesellschaft ab. Eine immer größer werdende Anzahl von abhängig Beschäftigten muss sich eine Arbeitsvolumen teilen, das nicht in gleichem Umfang wie die

---

[22] Ebd.

Anzahl der Erwerbstätigen steigt. Die Integration in den Arbeitsmarkt erfolgt für viele über prekäre, schlecht entlohnte, wenig anerkannte, mit geringen Partizipationschancen ausgestattete Erwerbsarbeit. Dahrendorf hatte davor gewarnt, dass statt eines Übergangs in eine Tätigkeitsgesellschaft die technologisch ermöglichten Freiheits- und Emanzipationspotentiale verspielen werden könnten: „Es ist daher nötig, im Sinne zu behalten, dass der Arbeitsgesellschaft zwar die Arbeit ausgeht, ihre Herren aber alles tun, um die Arbeit wieder zurückzuholen und den Weg zu einer Gesellschaft der Tätigkeit zu verbauen." [23] Diese Ahnung Dahrendorfs sollte sich bewahrheiten. Die „Herren der Arbeitsgesellschaft" machen Erwerbsarbeit zu einer unbedingten Bürgerpflicht, verbindet gegebenenfalls Arbeit mit Zwang und Sanktionen und treiben die Erwerbsarbeitszentrierung auf die Spitze. Landzeitarbeitslose und unsicher Beschäftigte arbeiten zirkulär im Niedriglohnsektor und „stocken" mit Arbeitslosengeld auf, sie entkommen aber dem Transferleistungsbezug nicht. Somit sind sie gleichermaßen drinnen und draußen, denn sie führen ein Leben mit geringeren sozialen Rechten und auf einer Fürsorgebasis, wenn sie zirkulär zwischen prekärer Erwerbstätigkeit und Erwerbslosigkeit wechseln.

Das Versprechen der Arbeitsgesellschaft, durch Teilhabe an würdiger Erwerbsarbeit, die Existenz sichern zu können und als Wirtschaftsbürger mit sozialen Rechten vollwertig und gleichberechtigt geachtet zu werden, bröckelt. Die große Transformation der letzten Jahrzehnte von der Arbeitsgesellschaft zur prekären Vollerwerbsgesellschaft führt

---

[23] Ralph Dahrendorf, „Wenn der Arbeitsgesellschaft die Arbeit ausgeht", S. 37.

keineswegs zum Ende der Arbeit. Einem Ende entgegen geht aber die bisher gekannte würdige und sozial abgesicherte Erwerbsarbeit. Was bevorsteht ist eine Arbeitsgesellschaft mit mehr prekärer und von sozialer Unsicherheit und Anerkennung bedrohter Arbeit, in der die Zentralität von Erwerbsarbeit zunehmen wird. Erwerbsarbeit hört auf, eine gesellschaftliche Integrationsfunktion erfüllen zu können und Soziale Sicherheit, Prestige und Anerkennung über Erwerbsarbeit zu vermitteln.

Die Grundfrage der Gerechtigkeit: Wer schuldet wem was?

Eine repräsentative Befragung des Deutschen Instituts für Wirtschaftsforschung hat eine ungewöhnlich hohe Quote von Befürwortern eines Bedingungslosen Grundeinkommens ergeben.[24] Diese hohe Zustimmung für das BGE geht oft mit jungem Alter, hoher Bildung und niedrigen Einkommen einher. In der Zustimmung drückt sich eine bestimmte Gerechtigkeitsvorstellung aus. So sprechen sich gerade Geringverdiener und Arbeitslose für eine Bedarfsgerechtigkeit aus, während Befürworter des Leistungsprinzips dagegen das Bedingungslose Grundeinkommen kaum unterstützen. Wer die Leistungsgerechtigkeit befürwortet, wird das Bedingungslose Grundeinkommen als eine Sozialleistung for nothing ablehnen, das dem Leistungsprinzip zutiefst widerspreche. Vertreter der Bedarfsgerechtigkeit hingegen betonen das Recht auf

---

[24] Jule Adriaans / Stefan Liebig / Jürgen Schupp, Zustimmung für bedingungsloses Grundeinkommen eher bei jungen, bei besser gebildeten Menschen sowie in unteren Einkommensschichten, DIW Wochenbericht, 15 / 2019, Berlin, S. 263-270

Existenzsicherheit, das nicht von den Zufälligkeiten des Arbeitsmarktes abhängig sein darf.

Was aber meint Gerechtigkeit? Den vielen Debatten über den Gerechtigkeitsbegriff hat der Frankfurter Philosoph Rainer Forst eine neue Perspektive hinzugefügt: Gerechtigkeit thematisiert die Antwort auf die Grundfrage, was Menschen einander schulden.[25] Derjenige, der eine Sozialleistung vom Staat erwarten kann, soll auch eine entsprechende Gegenleistung erbringen. So antwortet die Leistungsgerechtigkeit auf die Grundfrage der Gerechtigkeit mit dem Kriterium der Leistung. Anders die Bedarfsgerechtigkeit. Sie beantwortet auf die Frage, was Menschen einander schulden nicht mit dem Hinweis auf Leistung, sondern mit dem Hinweis auf ein Recht, dass das Leben gesichert sein muss. Gerechtigkeit hat es mit ungerechten Verhältnissen zu tun, die nach der Gerechtigkeit fragen lassen. Menschen verlangen deshalb, dass menschengemachte Ungerechtigkeiten korrigiert werden, damit alle ein menschenwürdiges Leben führen und an der Gesellschaft teilhaben können. Menschenrechte wollen diese verletzte Menschenwürde zu ihrem Recht bringen. Genau das macht aber auch den Kern der sozialen Menschenrechte aus. Sie antworten auf Situationen von Not, Ausbeutung oder Unterdrückung, in denen die Würde des Menschen verletzt wird. Deshalb verfehlt auch der Lagerstreit zwischen Leistungs- und Bedarfsgerechtigkeit als Spiegelbild der ablehnenden oder befürwortenden Haltung zu Grundeinkommen den Kern der Gerechtigkeitsforderung. Die Gerechtigkeit fragt nicht zuerst wie die Bedarfsgerechtigkeit, ob jemand genug bekommt, noch

---

[25] Rainer Forst, Kritik der Rechtfertigungsverhältnisse. Perspektiven einer kritischen Theorie der Politik, Frankfurt 2011, S. 140.

danach, was an Leistung erbracht werden muss, um in den Genuss einer sozialen Gegenleistung zu kommen. „Die Gerechtigkeit fordert nicht primär, dass Menschen bestimmte Güter erhalten, sondern dass sie gleichberechtigte Akteure innerhalb einer sozialen Grundstruktur sind – und dann bestimmte Ansprüche auf Güter erheben können."[26] Die Die Gerechtigkeit fragt, was Menschen angesichts bedrängender, verletzender, unterdrückender oder gar ausbeuterischer Verhältnisse einander schulden, damit sie zu ihrem Recht kommen können. Grundforderung der Gerechtigkeit ist dshalb, dass niemand erniedrigt oder aus der Gesellschaft ausgeschlossen wird. Grundlegende Forderung der Gerechtigkeit ist, dass alle als Freie und Gleiche beteiligt sind. „Die Idee des ‚Genughaben' oder ‚Genugbekommens' fasst" – so Rainer Forst – „das Eigentliche der Gerechtigkeit nicht: Gerechtigkeit ist stets eine ‚relationale' Größe."[27] Deshalb sind Menschen nicht in erster Linie „Empfänger von Gerechtigkeit… Sie sollten vielmehr als handelnde Subjekte der Gerechtigkeit verstanden werden." [28] Es sind nämlich die Bürger, die über die Bedingungen mitentschieden, die ihr Leben bestimmen. Somit ist es ein Erfordernis der Gerechtigkeit, dass Menschen an einer Gesellschaft teilhaben können, und es in ungerechten Gesellschaften ein Recht auf Soziale Sicherheit gibt, um in Würde leben zu können. Es zu gewährleisten, ist Pflicht der staatlichen Ordnung.

---

[26] Ebd., S. 39.

[27] Ebd., S. 36.

[28] Ebd., S. 148.

Das Menschenrecht auf soziale Sicherheit im 21. Jahrhundert

Das Menschenrecht auf ein Leben in sozialer Sicherheit ist in einem kleinen Zeitfenster in Reaktion auf die Verheerungen der Großen Weltwirtschaftskrise nach 1930 entstanden. Seinen weltweiten Siegeszug begann der Begriff Soziale Sicherheit als Programmwort für ein gesellschaftliches Reformprojekt. 1941 formulierte der US-amerikanische Präsident Roosevelt „vier Freiheiten": die Rede- und Meinungsfreiheit, die Glaubensfreiheit und die „Freiheit von Not und Furcht". Im selben Jahr stellten Roosevelt und Churchill mitten im Krieg in der Atlantik Charta ein ambitioniertes ökonomisches und soziales Neuordnungsprogramm mit sozialer Sicherheit für alle Bürgerinnen und Bürger und ein Leben „frei von Furcht und Not" auf. Die Allgemeine Erklärung der Menschenrechte von 1948 und der Sozialpakt von 1966 greifen diese Formel von einem Recht auf ein „Leben in Freiheit von Furcht und Not" abermals auf.

Die Allgemeine Erklärung der Menschenrechte verbindet die Gewährleistung sozialer Grundrechte programmatisch mit sozialer Sicherheit. Für ein „Leben in Freiheit von Furcht und Not" wird ein Recht auf Arbeit (Art. 23), Entlohnung, berufliche Koalitionsrechte, Erholung (Art. 24), auf sozialen Schutz (Art. 25), ein Recht auf einen angemessenen Lebensstandard, auf Nahrung, Kleidung, Wohnung oder ärztliche Versorgung versprochen. Soziale Sicherheit wird nicht in einem technischen Sinne von Sicherungssystemen verstanden, sondern umfassender als Gewährleistung von Teilhaberechten für alle als wichtig eingestuften Lebensbereichen. Es geht nicht allein um Schutz vor definierten Lebensrisiken, sondern um die Gewährleistung von Lebensperspektiven.

Wie die sozialen Menschenrechte mit dem Konzept der sozialen Sicherheit auf die Große Weltwirtschaftskrise des 20. Jahrhunderts reagiert haben, um die sozialen und ökonomischen Teilhabe- und Freiheitsrechte aller zu gewährleisten, besteht heute die Aufgabe darin, in einem anderen und neuen Kontext abermals aus dem Gehalt der menschenrechtlichen Idee der sozialen Sicherheit auf die ökonomischen und sozialen Krisen der 21. Jahrhunderts zu reagieren und das Kernanliegen der sozialen Sicherheit so durchzubuchstabieren, dass sich „Freiheit von Not und Furcht" abermals ereignen können.[29] Die Forderung nach einem Bedingungslose Grundeinkommen ist ein Instrument, das wie kein anderes in der Lage ist, den normativen Gehalt der sozialen Sicherheit für ein Leben „frei von Not und Furcht" für veränderte Verhältnissen zu übersetzen. Es steht also mehr an als nur ein sozialpolitisches Konzept der Armutsbekämpfung. Es geht um die rechtsstaatlichen und sozioökonomischen Voraussetzungen realer Freiheit aller Bürger. Wie die politischen Bürgerrechte der Entfaltung bedürfen, so auch die sozialen Rechte der Bürger. Das Bedingungslose Grundeinkommen vermag wie kein anderes sozialpolitisches Instrument den Zusammenhang von Freiheit, politischer Beteiligung und sozialer Sicherheit aufrecht zu erhalten und zugleich der Weiterentwicklung des Sozialstaates eine normative Ausrichtung zu geben.

---

[29] Franz Segbers, Soziale Sicherheit ist ein Menschenrecht, in: Ronald Blaschke / Werner Rätz (Hg.), Teil der Lösung. Plädoyer für ein bedingungsloses Grundeinkommen, Zürich 2013, S. 11-24.

Übergänge zu einem Bedingungslosen Grundeinkommen

Es gibt nicht nur ein Grundeinkommenskonzept, sondern eine Vielzahl mit jeweils spezifischen normativen und politischen Hintergründen. Entsprechend unterscheiden sich die einzelnen Vorschläge für ein Grundeinkommen mitunter deutlich – etwa hinsichtlich der Höhe, der Finanzierung, der Veränderung des Steuersystems oder hinsichtlich des Verhältnisses zum bestehenden Arbeits- und Sozialsystem, zur Arbeitsmarktpolitik und zum Personenkreis. Bewirkt das Bedingungsloses Grundeinkommen die Zerschlagung des bestehenden Sozialstaates oder eröffnet es Wege in einen anderen zukunftsfähigeren Sozialstaat? Ist das Bedingungsloses Grundeinkommen eine sozialstaatlich geprägte alternative Antwort auf die Krise des Sozialstaats oder trägt es zur Delegitimierung, Erosion oder Überwindung des wohlfahrtsstaatlichen Arrangements bei? Die Beantwortung dieser Fragen verläuft nicht nur längst zu den Lagern von Grundeinkommensbefürwortern und Grundeinkommensgegnern, sondern auch quer zu den Lagern. Somit gibt es einen doppelten Streit: Einen grundsätzlichen Streit zwischen Befürwortern und Gegnern eines Grundeinkommens an sich und ein Streit innerhalb des Lagers der Grundeinkommensbefürworter um die konkrete Ausgestaltung des Grundeinkommens.

Zur Klärung der impliziten Menschenbilder und Gesellschaftskonzepten in den Grundeinkommenskonzepten eignen sich zwei Grundfragen:

- Was ist die Frage, auf welche das Grundeinkommen eine Antwort geben will?

Ist das Bedingungslose Grundeinkommen eine Antwort auf den befürchteten Arbeitsplatzabbau durch die Digitalisierung? Soll Armut bekämpft werden? Wie hoch muss es dann sein, wenn sie dieses Ziel erreichen will? Ist es eine Antwort auf den Sanktionszwang? Will es eine Antwort auf die Unsicherheit der sozialen Sicherungssysteme geben?

- Was gibt neben einer monetär-finanziellen Zahlung beim Grundeinkommen noch?
  Soll das Grundeinkommen die bisherigen staatlichen Sozialleistungen ergänzen oder ersetzen? Was ist mit der öffentlichen sozialen Infrastruktur? Wer bestimmt für wen welche Höhe ein bedingungsloses Grundeinkommen hat?

Die Grundidee eines emanzipatorischen Grundeinkommens geht davon aus, dass Menschen ein Recht auf Teilhabe an den Gütern haben, um menschenwürdig leben und an der Gesellschaft teilnehmen zu können. Ein emanzipatorische Grundeinkommen ist emanzipatorisch, weil es die soziale Sicherheit des Menschen von Märkten unabhängig macht, indem es soziale und ökonomische Rechte verbindet.[30] Es stellt eine Antwort auf die Grundfrage der Gerechtigkeit dar, was Menschen einander schulden und begründet den Anspruch auf soziale Sicherheit menschenrechtlich. Bevor entsprechenden Fragen der Leistungs- oder Bedarfsgerechtigkeit verteilt werden soll, formuliert das emanzipatorische Grundeinkommen das

---

[30] Franz Segbers, Bürgerrecht, soziale Rechte und Autonomie. Weiterentwicklung des Sozialstaates durch ein Grundeinkommen, in: Wolfgang Nethöfel / Peter Dabrock / Siegfried Keil (Hg.), Verantwortungsethik als Theologie des Wirklichen, Göttingen 2009, S. 180-217.

Menschenrecht auf ein gleichberechtigtes Leben in Würde für alle. Deshalb bekommen Menschen ein Grundeinkommen nicht für „nichts", wie die Leistungsgerechtigkeit unterstellt. Sie bekommen das Grundeinkommen zum Leben!

Die Idee eines Bedingungslosen Grundeinkommens hat eine kaum mehr überschaubare Flut von Veröffentlichungen und Beiträgen hervorgebracht. Jedoch beziehen sich die allermeisten Debattenbeiträge zumeist auf die Argumente, die für oder gegen ein Grundeinkommen sprechen. So überzeugend diese Argumente auch sein mögen, sie reichen nicht aus. Ihnen fehlt nämlich der entscheidende Gedanke, wie es denn implementiert werden könnte, und zwar so, dass eine Mehrheit dafür zu gewinnen wäre.

Die ILO hat sich in ihrem Arbeitspapier von 2018 „Universal Basic Income proposals in light of ILO standards: Key issues and global costing"[31] für die schrittweise Einführung eines Grundeinkommens für die Fälle ausgesprochen, wenn die finanziellen Mittel fehlen: „Länder, die den Wunsch haben, sich auf ein UBI (Universal Basic Income = universales, bzw. bedingungsloses Grundeinkommen, F.S.) zuzubewegen, aber nicht über ausreichende Mittel verfügen, um ein solches System bereits heute einzuführen, können die schrittweise Einführung eines solchen Systems in Betracht ziehen. Universelle Leistungen für breite Bevölkerungsgruppen, wie z. B. universelle Altersrenten oder universelle Kinderbeihilfen, sind mögliche politische Optionen zur Stärkung des universellen Sozialschutzes, die weniger Ressourcen erfordern und daher in

---

[31] Universal Basic Income proposals in light of ILO standards: Key issues and global costing: https://www.ilo.org/wcmsp5/groups/public/---ed_protect/-soc_sec/documents/publication/wcms_648602.pdf (Zugriff am 21.11.2022)

vielen Ländern als Schritt in Richtung UBI realistischer und machbar sein könnten. Die schrittweise Verwirklichung erfordert die Aufnahme von Zielen in nationale Entwicklungsstrategien und -pläne sowie die Festlegung von Zielvorgaben und Zeitplänen." Die schrittweise Einführung sollte jedoch nicht nur eine Option wegen Ressourcenmangel darstellen. Vielmehr könnte sich die Maximalforderung hier und heute ein Bedingungsloses Grundeinkommen für alle einzuführen, als kontraproduktiv erweisen.

Das Diakonische Werk in Deutschland hat einen interessanten eigenen Vorschlag für ein Grundeinkommen vorgelegt, der differenziert und sozialpolitisch außerordentlich kundig argumentiert.[32] Die Diakonie formuliert den Maßstab: Verbessern die Modelle die Existenzsicherheit oder nicht? Modelle müssen sich daran messen lassen, ob sie der sozialen Sicherung, Emanzipation, Gleichberechtigung und der Gewährleistung von persönlichen Entwicklungsmöglichkeiten dienen. Da ein pauschales Grundeinkommen für alle Personengruppen den unterschiedlichen Lebenslagen in Kindheit und Jugend, im Erwerbsalter oder im Seniorenalter nicht gerecht werde, hat die Diakonie vorgeschlagen, die Existenzsicherung neu zu denken, indem unterschiedliche materielle wie immaterielle Bedarfe und unterschiedliche Lebenslager für Menschen im Erwerbsalter berücksichtigt werden. Die Diakonie formuliert die Anforderung: „Ein Hilfesystem darf nicht den Eindruck erwecken, sein zentrales Ziel sei es, möglichst effektiv vermeintliche Übeltäter*innen zu ermitteln und mit Sanktionen zu belegen. Die Qualität der Existenzsicherung ist daran zu

---

[32] https://www.diakonie.de/wissen-kompakt/grundeinkommen-als-loesung-einer-umfassenden-existenzsicherung (Zugriff am 23.11.2022)

messen, ob sie tatsächlich die Situation der Betroffenen verbessert, sie ermutigt und ein Leben in Würde und mit sozialer Teilhabe ermöglicht. Das Konzept der Diakonie verbindet passgerechte Hilfe, eine gesicherte Existenz und die Unterstützung der Hilfesuchenden am Arbeitsmarkt. Es ist geprägt durch die gleiche Augenhöhe aller Beteiligten, Wertschätzung, Gleichberechtigung und Kooperation."[33] Darüber hinaus setzt sich die Diakonie mit vielen anderen Partnern für die Einführung eine Kindergrundsicherung sowie für Menschen im Seniorenalter für eine vereinfachte Grundrente ein. Diese differenzierte Lebensphasenorientierung ist eine wirklich neuer Ansatz, der die Debatte über ein Grundeinkommen bereichert und weiterführt. Denn er verlässt die Argumentation des Gegensatzes von Pro und Contra. Es reicht nicht, nur die Vielzahl von Einkommensmodellen zu differenziert zu berücksichtigen, sondern auch die Pluralität von Lebensrisiken, die sozialpolitisch bearbeitet werden müssen, und deshalb Geldleistungen mit dem Zugang zu Hilfesystemen verbindet.[34]

Fragen der Implementierung sind in entscheidendem Maße – so meine These – von der Anschlussfähigkeit an bereits bestehende soziale Sicherungssysteme abhängig. Wie Stephan Lessenich aufgezeigt hat, vollzieht sich die Sozialstaatsentwicklung immer pfadabhängig. Diese Kontinuität ist in einen zwiespältigen Prozess eingebunden, den Lessenich einen

---

[33] https://www.diakonie.de/erwartungen-an-die-politik/verlaessliches-existenzminimum (Zugriff am 23.11.2022).

[34] Vgl. dazu etwa: Christoph Butterwegge/Kuno Rinke (Hg.), Grundeinkommen kontrovers. Plädoyers für und gegen ein neues Sozialmodell, Weinheim 2018.

„Dynamischen Immobilismus" nennt. Nicht nur das deutsche Sozialmodell hat sich nämlich pfadabhängig *aus dem Geist der Kontinuität*[35] in einer Dialektik von Kontinuität und Wandel weiterentwickelt, bei der es eine ausgesprochen hartnäckige Eigengeschichte der Grundwerte gibt. Allenfalls kommt es durch „Gewichtsverlagerungen" zu Innovationen, bei denen jedoch die kulturellen Ordnungsprinzipien aber selbst bestehen bleiben. So ist auffallend, dass die Grundstrukturen des Bismarck'schen Sozialsystems über politische Systembrüche hinweg, vom obrigkeitlichen Kaiserreich über die demokratische Weimarer Republik und das autoritäre NS-Regime bis in die sozialstaatlich geprägte Bundesrepublik in einer eigentümlichen Weise erhalten geblieben sind. Dies ist ein Hinweis darauf, dass die Grundeinkommensdiskussion nur dann als eine politische Alternative plausibel wird, wenn sie auch Anknüpfungspunkte für eine alternative gesellschaftlich-politische Praxis hat. Diese sozialhistorischen wie sozialpolitische, Einsichten dürfen in der Debatte über ein Bedingungsloses Grundeinkommen nicht ignoriert werden.

Im Folgenden soll die Grundthese einer Weiterentwicklung im Sinne eines Bedingungslosen Grundeinkommens an drei aktuellen sozialpolitischen Herausforderungen geprüft werden, die sich in gewisser Weise mit dem Vorschlag des Diakonischen Werkes überschneiden: der Weiterentwicklung von Hartz IV zu einer sozialen Grundsicherung ohne Sanktionen, zweitens dem Reformprojekt der Familienpflegezeit und schließlich einer

---

[35] Stephan Lessenich, Dynamischer Immobilismus. Kontinuität und Wandel im deutschen Sozialmodell, Frankfurt, 2003, 293.

Kindergrundsicherung zur Lösung für das drängende Problem der Kinderarmut.[36]

Soziale Grundsicherung

Das Bundesverfassungsgericht (BverfG) hat in seiner Entscheidung vom 9. Februar 2010 festgestellt, dass die Hartz IV genannte umstrittene Grundsicherung für Arbeitsuchende mit dem Menschenwürdeartikel[37] und dem Sozialstaatsprinzip des Grundgesetzes[38] unvereinbar sei, denn jeder Hilfebedürftige habe das Recht auf ein soziokulturelles Existenzminimum.[39] Auch wenn das Urteil des Bundes-verfassungsgerichts wohl kaum dazu herhalten kann, ein Bedingungsloses Grundeinkommen zu begründen, so bekräftigt es dennoch, dass der Staat verpflichtet sei, das Recht eines jeden Bürger, jeder Bürgerin auf ein soziokulturelles Existenzminimum zu gewähren. Dieses Grundrecht sei „unverfügbar" und müsse „eingelöst werden" (Rn 133). So erkennt Anne Lenze die „Geburt eines neuen Grundrechts"[40] und eine „Wende im Hinblick auf die Interpretation des

---

[36] Vgl. zum Folgenden: Franz Segbers, Übergänge in ein Bedingungsloses Grundeinkommen. In: Jacobi / Strengmann-Kuhn, Wege zum Grundeinkommen, Bildungswerk Berlin der Heinrich-Böll-Stiftung, 2012, 95-108.

[37] Art 1 Grundgesetz
[38] Art. 20 Grundgesetz
[39] BVerfG, 1 BvL 1/09 vom 9.2.2010.

[40] Anne Lenzen, Hartz IV Regelsätze und gesellschaftliche Teilhabe. Das Urteil des BervfG vom 9.2.2010 und seine Folgen. Expertise im Auftrag des Gesprächskreises Arbeit und Qualifizierung der Friedrich-Ebert-Stiftung, Bonn 2010, 4.

Sozialstaatsprinzips"[41]. Die bisher im Lohnabstandsgebot formulierte Beschränkung, dass das Nettoeinkommen eines vollzeitbeschäftigten Alleinverdieners in unteren Lohngruppen zuzüglich Kindergeld und Wohngeld, der eine fünfköpfige Familie zu ernähren hat, höher sein muss als der Anspruch einer solchen Familie auf Mindestleistungen, ist seit dieser Entscheidung rechtlich und faktisch obsolet. Denn das Grundrecht auf ein soziokulturelles Existenzminimum existiert in sich und ist nicht abhängig von der Höhe eines Lohneinkommens. Das vom Bundesverfassungsgericht bekräftigte Recht auf ein soziokulturelles Existenzminimum ist ein unbedingtes Recht auf ein menschenwürdiges Leben, das nicht erst durch eine Gegenleistung erworben werden müsste.

Die Allgemeine Erklärung der Menschenrechte buchstabiert unter der Programmformel Soziale Sicherheit (Artikel 22) das Leitbild einer Welt „ohne Furcht und Not" durch: ein Recht auf Arbeit (Artikel 23), ein Recht auf angemessene Entlohnung und beruflichen Zusammenschluss (Artikel 23), ein Recht auf Erholung (Artikel 24), ein Recht auf einen angemessenen Lebensstandard in Bezug auf Nahrung, Kleidung, Wohnung, ärztliche Versorgung und das Recht auf soziale Sicherheit (Artikel 22) bei Arbeitslosigkeit, Krankheit, Invalidität oder Verwitwung, ein Recht auf Bildung (Artikel 26) und ein Recht auf Beteiligung am kulturellen Leben (Artikel 27). Es gibt somit ein Menschenrecht auf einen angemessenen Lebensstandard, das u.a. in einem Recht auf Nahrung, Arbeit, Gesundheit und Wohnung besteht. Das Recht auf ein Leben in Würde zeigt sich darin, dass jeder Zugang zu diesen Rechten hat. Diese Rechte

---

[41] Ebd., S. 22.

sind bedingungslos, unveräußerlich und stehen jedem Menschen zu.

Der Sozialpakt hat 1966 die Deklaration der Erklärung Menschenrechte präzisiert: Das Menschenrecht auf einen angemessenen Lebensstandard geht über das hinaus, was das Bundesverfassungsgericht im Jahr 2010 als Grundrecht auf ein „soziokulturelles Existenzminimum" formuliert hatte. Was bedeutet das Recht auf einen angemessenen Lebensstandard? Es ist das Recht auf ein Leben, das sich an den besonderen wirtschaftlichen Möglichkeiten eines Landes und am Normalfall orientiert. Das Recht auf einen angemessenen Lebensstandard wird in den „Allgemeinen Anmerkungen", der rechtverbindlichen Auslegung des UN-Ausschusses für wirtschaftliche, soziale und kulturelle Rechte, als ein Niveau definiert, das auf die Herstellung eines Normalfalls abzielt: Ein „angemessener Lebensstandard" wäre demnach ein am Normalfall orientierter, den gegebenen Umständen Rechnung tragender Lebensstandard. So umfasst das Recht auf soziale Sicherheit das Recht, ohne Diskriminierung Unterstützungen in Anspruch zu nehmen, beispielsweise bei zu geringem Arbeitseinkommen.

Ein Alternativkonzept, das sich an einem bedingungslosen Grundeinkommen ausrichtet, wäre ein Grundeinkommen, welche die Selbstbestimmung des Menschen ernst nimmt und die Existenz sichert, ohne auf Sanktionen und Arbeitszwang zu setzen. Die Sozialleistung ergibt sich nicht aus einem Leistung und Gegenleistungsprinzip. Es ist ein menschenrechtlich begründetes Prinzip auf das Recht auf ein Leben ohne Not. Aus einer Menschenrechtsperspektive ergibt sich das Recht auf Sozialleistung nicht aus der Pflicht zu einer Gegenleistung. Menschlich folgt das Recht nicht einer zuvor zu erbringenden

Vorleistung, die für soziale Sicherheit zu erbringen wäre. Die Pflicht des Staates besteht darin, die sozialen Menschenrechte zu achten, zu schützen und zu erfüllen. Da im Unterschied zu den früheren Regelungen der Leistungshöhe nach dem Bundessozialhilfegesetz der Gesetzgeber jetzt die Höhe der Regelleistung unmittelbar bestimmt, steht der Staat auch in der Pflicht, die Inhalte der Menschenrechte zu achten, zu schützen und zu erfüllen. Das Menschenrecht auf soziale Sicherheit ist ein unbedingtes soziales Recht – kein Gnadenbrot.

Familienpflegezeit und entökonomisierte Carearbeit

Um die Vereinbarkeit von Beruf und Pflege zu fördern, will das Familienpflegezeitgesetz (FPfzG) es Arbeitnehmern und Arbeitnehmerinnen ermöglichen, durch einen Entgeltvorschuss das Einkommen aufzustocken, die wegen der Pflege eines nahen Angehörigen für einen Zeitraum von maximal 24 Monaten ihre Arbeitszeit auf bis zu 15 Wochenstunden reduzieren. Wenn beispielsweise Vollzeitbeschäftigte ihre Arbeitszeit von 40 auf 20 Wochenstunden verringern, um Angehörige zu pflegen, erhalten sie ein Gehalt von 75 Prozent des letzten Bruttoeinkommens. Zum Ausgleich müssen sie nach Beendigung der Familienpflegezeit wieder voll arbeiten, bekommen dann aber zunächst weiterhin nur 75 Prozent des Gehalts - so lange, bis die durch den Vorschuss vorab vergütete Arbeitszeit nachgearbeitet ist.

Das Problem besteht darin, dass das Familienpflegegesetz die Pflege zu einem gesellschaftlichen Nulltarif organisieren und privat bewältigen will. Die politische Verantwortung besteht allenfalls darin, einen rechtlichen Rahmen zu schaffen, der es erlaubt, auf eigene Kosten die Probleme der Pflege durch den rechtlichen Anspruch auf eine Teilzeitarbeit zu tragen. Die Verantwortung aber, welche eine Gesellschaft für ihre pflegebedürftigen Menschen hat, wird dabei von der Gesellschaft wegverlagert und einseitig in die Familien hinverlagert.

Eine Alternative aus der Idee und Perspektive einer Grundeinkommens wäre eine Konstruktion, die sich am Elterngeld ausrichten könnte und dabei bereits bestehende soziale Sicherungssysteme wie das Pflegegeld so weiterentwickeln würde, dass privat erbrachte Pflegeleistungen finanziell unterlegt und dadurch ermöglicht werden. Ein dem Elterngeld nachgebildetes und weiterentwickeltes Pflegegeld würde eine materielle Basis für Tätigkeiten wie der Care-Arbeit sicherstellen. Diese Alternative würde am bereits bestehenden Pflegegeld ansetzen und dieses in einem solchen Sinne weitentwickeln, dass es nicht als Entgelt für eine genau zu berechnende Leistung zu verstehen wäre, sondern umgekehrt ein gesellschaftliches Engagement erst durch eine materielle Basis ermöglichen würde. Familienpflegezeit würde dann nicht den Einzelnen aufgebürdet, sondern Widerlager gegen eine weitere Ökonomisierung der Care-Arbeit unter der Marktlogik.

Kindergrundsicherung

Die in Deutschland seit 1989 realisierte Kombination von Kindergeld und Kinderfreibetrag führt dazu, dass Steuerzahler, die eine hohe Einkommensteuer zahlen, durch den Kinderfreibetrag eine höhere staatliche Leistung erhalten als Normalverdiener durch das Kindergeld und bei Hartz IV-

Beziehenden das Kindergeld mit dem Regelsatz verrechnet wird. Die Kinder von Gut- und Spitzenverdiener/innen hingegen profitieren mit steigendem Einkommen von den steuerlichen Kinderfreibeträgen. Diese wirken sich aufgrund des progressiven Steuersystems bei den höchsten Einkommen am stärksten aus. Aktuell beträgt die maximale Entlastung aufgrund der Freibeträge 330 Euro monatlich. Dieser Vorteil kann sich bis zum 18. Geburtstag eines Kindes auf bis zu 20.000 Euro summieren.

Ein Bündnis von Sozialverbänden und Wissenschaftlern hat 2009 ein Konzept vorgelegt, allen Kindern das sächliche Existenzminimum in Höhe von 451 Euro als unbürokratische Leistung zu garantieren. Bis der Staat sämtliche Leistungen für Bildung, Betreuung und Erziehung gebührenfrei zur Verfügung stellt, fordert das Bündnis einen weiteren Betrag in Höhe von 244 Euro.[42] Kinder werden dadurch entsprechend der Kinderrechtskonvention zu einem Träger eines eigenen Rechtsanspruchs. Auch SPD, Bündnis 90 / DIE GRÜNEN sowie die Partei DIE LINKE haben Konzepte für eine Kindergrundsicherung vorgelegt.[43] Erklärtes Ziel ist die Vermeidung von Armutsrisiken und die Beseitigung offensichtlicher Ungerechtigkeiten im bisherigen System der Familienförderung. Die Höhe der Grundsicherung wäre unstrittig, da sie mit dem kindlichen Existenzminimum, das sich bislang faktisch leider nur im Steuerrecht niederschlägt,

---

[42] http://www.kinderarmut-hat-folgen.de (Zugriff am 23.11.2022)

[43] Die Bundesregierung will eine Kindergrundsicherung einführen, siehe hier: https://www.bmfsfj.de/bmfsfj/aktuelles/reden-und-interviews/lisa-paus-wir-brauchen-eine-strukturelle-entlastung-fuer-familien--201660 (Zugriff am 23.11.2022)

identisch sein muss. Das Bundesverfassungsgericht hat in mehreren Urteilen das „sächliche" kindliche Existenzminimum steuerrechtlich vorgegeben.

Irene Becker und Richard Hauser haben die Reformvorschläge der Kindergrundsicherung, die Erhöhung des Kindergeldes und des Kinderzuschlags einer empirischen Analyse unterzogen.[44] Die Berechnungen zeigen, dass die Kindergrundsicherung das effektivste aber auch teuerste Mittel zur Armutsbekämpfung darstellt. Die Kinderarmutsquote würde um vier Fünftel auf 3,3 Prozent zurückgehen. „Unter verteilungspolitischen Aspekten erweist sich aber das Konzept des Existenz sichernden und zu versteuernden Kindergeldes im Vergleich zu Kindergelderhöhungen ohne Besteuerung als das stimmigere Konzept: Inkonsistenzen der bestehenden Leistungsvielfalt werden abgebaut, und mit annähernd gleichem Transfervolumen wird eine stärkere, sich mit steigender steuerlicher Leistungsfähigkeit kontinuierlich entwickelnde Einkommensumverteilung ,von oben nach unten' erreicht.[45]

Die Forderung zur Kindergrundsicherung lässt sich als Weiterentwicklung des Kindergeldes verstehen und würde dessen Schieflagen beheben. Es wäre ein partielles Grundeinkommen, das in vieler Hinsicht mit den Ideen des Bedingungslosen Grundeinkommens verwandt ist: Die Leistung wird individuell jedem Kind zugewiesen, es gibt keine Bedürftigkeitsprüfung und keine Pflicht zu irgendeiner

---

[44] Irene Becker / Richard Hauser, Kindergrundsicherung, Kindergeld und Kinderzuschlag: Eine vergleichende Analyse aktueller Reformvorschläge im Auftrag der Hans-Böckler-Stiftung, Goethe-Universität, Frankfurt 2010.

[45] Ebd., S. 68f.

Gegenleistung. Die Kindergrundsicherung würde dabei an das bereits bestehende Kindergeld systematisch ansetzen und es weiterentwickeln.

Eines der wesentlichsten Hindernisse auf dem Weg zu einem Bedingungslosen Grundeinkommen ist die weithin fehlende Einsicht, dass eine bedingungslose Existenzsicherung kein Almosen darstellt, sondern ein Menschenrecht ist. Dieses Menschenrecht ist an keine Gegenleistung gebunden. Erst auf der Basis eines menschenrechtlich begründeten Anspruchs auf eine Existenzsicherung sind die Bürgerinnen und Bürger real frei auch zu einem gesellschaftlichen Engagement, das zwar erwartet, aber nicht erzwungen werden kann. Ein solches Verständnis des Grundeinkommens fügt sich in das Grundversprechen der Moderne ein, ein selbstbestimmtes Leben führen zu können. Wie dargestellt ist gegenüber Kindern die Bedingungslosigkeit eines Grundeinkommens unter Menschenrechtsgesichtspunkten unproblematisch und einsichtig. Es wäre systematisch in die bereits bestehende Kindergeldregelung einzubauen, würde es weiterentwickeln und zugleich von den bestehenden Ungerechtigkeiten befreien, die Besserverdienenden eine höhere materielle Förderung der Kinder zugesteht. Eine materiell ermöglichte Care-Arbeit würde wertgeschätzt und in Wert gesetzt. Eine Pflegezeit, welche die Logik der Privatisierung gesellschaftlicher Risiken durchbrechen will, drängt die Hegemonie der ökonomisch in Wert gesetzten Arbeit zurück und bietet eine Alternative zu einer weiteren Deregulierung von Pflegearbeit. Auch hier würde sie systematisch an das bestehende Pflegegeld ansetzen und es weiterentwickeln. Schließlich leitet die Abschaffung des Sanktionsregimes bei Hartz IV einen ersten Schritt zu einer verfassungskonformen Existenzsicherung ein.

Fazit

Für ausgebaute Sozialstaaten wäre es erfolgversprechender, den Sozialstaat im Sinne eines „dynamischen Immobilismus" (Stephan Lessenich) weiterzuentwickeln. Reformprojekte wären Anknüpfungspunkte in den Sozialverfassungen oder in den sozialpolitischen Debatten, die einen Reformpfad in Richtung einer pfadabhängige Weiterentwicklung des Sozialstaates aufzeigen können und deshalb zur sozialpolitischen Weiterentwicklung beitragen können. Sie sind Lernfelder, auf denen der Gegenentwurf zu einer aktiven Bürgergesellschaft formuliert wird, die doch nur eine Unterwerfung unter eine verdeckte Ökonomisierung des Sozialen bedeutet. Eine mit einem temporären oder partiellen Grundeinkommen abgesicherte und ermöglichte selbstbestimmte und autonome Eigentätigkeit wäre dann gerade nicht die Beteiligung der Subjekte an einer Neuordnung eines aktivierenden Sozialstaates, der die Bürger aktiviert und sich zugleich zurückzieht. Solche gradualistischen Zwischenschritte partieller oder temporärer Grundeinkommen würden einen Reformpfad bestärken, bei dem der Übergriff der ökonomisch in Wert gesetzten Erwerbsarbeit zurückgedrängt wird.

Die Radikalität ein Bedingungsloses Grundeinkommen hier und heute und alsbald einzufordern, wäre gar nicht nötig. Es hilft auch nicht, sich einfach in einem „großen Sprung" ganz woanders hinzuwünschen. Wichtig ist vielmehr, die Forderung als ein politisches Feld der Auseinandersetzung zu begreifen und so zu artikulieren, dass sie in konkreten sozialpolitischen Problemkonstellationen und Debatten als alternative Lösungsstrategie plausibel wird. Wenn nach Lessenich für den

Sozialstaat ein „Dynamischer Immobilismus" stilbildend ist, dann hat diese Einsicht weitreichende Folgen für die Debatte über das Bedingungslose Grundeinkommen. Der Wandel vollzieht sich nämlich „nicht als radikaler Bruch…, sondern als *traditionsverhaftete Metamorphose* derselben"[46]. Deshalb muss die Grundeinkommensdiskussion sich fragen lassen, wie diese „traditionsverhaftete Metamorphose" zu organisieren wäre. Die Implementierung von Hartz IV ist ein lehrreiches Beispiel dafür. Sie bedeutete nicht nur eine „Umkehr in der Geschichte des deutschen Sozialstaates"[47] bis Hartz IV dann wieder durch ein sog. Bürgergeld vorsichtig abgelöst werden sollte. Zugleich waren zahlreiche Gesetzesänderungen und Entscheidungen des Bundesverfassungsgerichts erforderlich, dieses neue systemfremde Konstrukt rechtlich einzupassen.

Die skizzierten reformpolitischen Alternativvorschläge, die sich an der der Grundidee einem Bedingungslosen Grundeinkommen orientieren, fungieren wie ein Angebot, lebenspraktische Alltagsprobleme lösen zu können und dabei nicht in der Gefahr stehen, den existierenden Sozialstaat ersetzen zu wollen. Sie docken vielmehr an der Grundsicherung, am Pflegegeld und am Kindergeld an und entfalten dabei das Potenzial, bestehende sozialstaatliche Arrangements und Kulturen im Sinne eines emanzipatorischen Projektes perspektivisch auf ein Bedingungsloses Grundeinkommen weiterzuentwickeln.

Es führt kein Weg an einer pfadabhängigen Weiterentwicklung vorbei, auch wenn eine schnellere und unverzügliche

---

[46] Stephan Lessenich, Dynamischer Immobilismus, S. 22.

[47] Ebd., S. 296.

Umsetzung des Leitziels wünschenswert wäre. Das Bedingungslose Grundeinkommen antwortet auf die charakteristischen Probleme einer prekären Erwerbsgesellschaft und auf die grundsätzliche Unsicherheit der modernen Gesellschaften und tut dies in einer utopischen Weise. Gerade darin aber liegt die Attraktivität der Forderung. Ihren utopischen Charakter teilt die Forderung eines Bedingungslosen Grundeinkommen mit anderen Wertbegriffen wie Gerechtigkeit, Freiheit oder Soziale Sicherheit. Sie haben ihren Wert darin, dass sie zwar unerreichbar sind, aber doch richtungweisend. In den Kämpfen und Auseinandersetzungen um ihre Durchsetzung fungieren sie als ein Kriterium guter Gesellschaftsentwicklung. Erst dann ist die menschenrechtlich begründete Forderung nach einer Sozialen Sicherung aller auch ohne Erwerbsarbeit keine bloß akademisch-utopische Debatte, sondern eröffnet in der politischen Auseinandersetzung eine Alternative zur prekären Vollerwerbsgesellschaft und weist den Weg in eine humanere und gerechtere Gesellschaft, die Platz für alle hat.

Biografische Angaben:

Dr. Franz Segbers,
em. Professor für
Sozialethik, Universität Marburg.

Kontakt: mail@franz-segbers.de
https://www.franz-segbers.de/

1949   geboren in Gelsenkirchen
1969   Studium der katholischen und evangelischen Theologie,
der Erziehungswissenschaften und der Sozialwissenschaften an
der Universität Münster / Westfalen
1978   Mitarbeiter in der Arbeitsstelle für Betriebsseelsorge in
Frankfurt / Höchst
1985   Promotion zum Dr. theol. an der Universität Würzburg
Thema: Streik und Aussperrung sind nicht gleichzusetzen. Eine
sozialethische Bewertung, Köln 1986
1986   alt-katholischer Gemeindepfarrer in Heidelberg
1988 - 2002 Dozent für Theologie und Sozialethik an der
Evangelischen Sozialakademie Friedewald
1999   Habilitation zum Thema: "Die Hausordung der Tora.
Biblische Impulse für eine theologische Wirtschaftsethik"
Berufung zum Privatdozent für Sozialethik in Marburg
2002/2011 Referent für Ethik und Sozialpolitik im Diakonischen
Werk in Hessen und Nassau
2004   Berufung zum apl. Professor für Sozialethik am Fach-
bereich Evang. Theologie an der Philipps-Universität in Marburg
2005 / 2006 Vorsitzender der Liga der Freien Wohlfahrts-
verbände in Rheinland-Pfalz

2008   Gastprofessur am Aglipay Theological Seminary, Urdaneta, Pangasinan und St. Paul's Theological Seminary, Guimaras, Philippinen, seitdem regelmäßig auf den Philippinen

2010   Sprecher der Landesarmutskonferenz in Rheinland-Pfalz

2014   Emeritierung

INA PRAETORIUS
BEDINGUNGSLOS

Beitrag einer Protestantin zur Theologie des Grundeinkommens
Der Text beruht auf einem Vortrag aus dem Jahr 2012[48]

Vielen Menschen fällt beim Stichwort *Protestantismus* zuerst die berüchtigte *protestantische Arbeitsmoral* ein. Manche wissen dazu sogar einen Namen zu nennen: Max Weber. Der berühmte Soziologe (1864-1920), hat in seinem Buch *Die protestantische Ethik und der «Geist» des Kapitalismus[43]* die These entwickelt, dass es einen Zusammenhang gibt zwischen der calvinistischen Idee der «Gnadenwahl» Gottes und dem, was er «innerweltliche Askese» nennt: Seit der Genfer Reformation seien die Protestanten damit beschäftigt, durch Fleiss, einen bedürfnislosen Lebensstil und die entsprechende Kapitalakkumulation einander zu beweisen, wer von Gott zum ewigen Heil bestimmt ist und wer nicht. Diese diesseitige Konkurrenz ums jenseitige Heil habe dann wesentlich zur Entstehung von Leistungsgesellschaft und Kapitalismus beigetragen.

In diesem Text möchte ich erzählen, dass meine Tradition breiter und weiter ist als ihr Ruf. So breit und weit, dass sie mich im Januar 2012 dazu bewegt hat, Mitfrau im Komitee der Ersten Eidgenössischen Volksinitiative «Für ein bedingungsloses

---

[48] *vgl. Praetorius 2013b*

[49] Max Weber 1904 (2017).

Grundeinkommen»[50] zu werden. Die Initiative wurde am 5. Juni 2016 vom Schweizer Stimmvolk abgelehnt. Am 21. September 2021 begann die Unterschriftensammlung für eine zweite Volksinitiative «Leben in Würde – Für ein finanzierbares bedingungsloses Grundeinkommen»[51] Auch für sie setzte ich mich ein, weil ich überzeugt bin, dass es vor jeder möglichen menschlichen Leistung etwas gibt, das wichtiger ist: das bedingungslose Angenommensein als unverwechselbares Geschöpf Gottes. In säkulare Rechtssprache übersetzt: Menschenwürde.[52] Am 18. Januar 2023 gab das Komitee der zweiten eidgenössische Volksinitiative für ein bedingungsloses Grundeinkommen bekannt, dass die Unterschriftensammlung gescheitert war. Weitere Initiativen werden mit grosser Wahrscheinlichkeit folgen.

Die protestantische Arbeitsmoral und die bedingungslose Liebe Gottes

Max Webers These wird immer und immer wiederholt, meist verkürzt, wie auch hier. Mir scheint es manchmal, als wolle man sich so die Frage vom Leib halten, was in den biblisch-christlichen Traditionen sonst noch unterwegs ist. Ich habe die Probe aufs Exempel gemacht und im Jahr 2009, als wir Evangelischen Calvins 500. Geburtstag feierten, sein Hauptwerk, die *Institutio Christianae Religionis*[53] gelesen. In

---

[50] Eidgenössische Volksabstimmung «Für ein bedingungsloses Grundeinkommen», Initiativtext.
[51] Eidgenössische Volksinitiative «Leben in Würde...», Initiativtext.
[52] Vgl. Ina Praetorius 2007.
[53] Johannes Calvin 1559 (2008).

diesem dicken Buch sind mir viele teils befremdliche Gedanken begegnet, nicht aber die Vorstellung, Christinnen und Christen könnten durch irdischen Erfolg ihre Erwählung zum ewigen Heil beweisen.[54] Im Übrigen hat Max Weber selbst sich dagegen verwehrt, den Protestantismus auf ein Kreisen um beruflichen Erfolg zu reduzieren. Ganz abgesehen davon, dass der protestantische Teil der Christ*innenheit nicht nur aus Calvin besteht.

Meine eigene Biografie verlief jedenfalls bisher eher von einer *säkular* auftretenden Leistungsethik hin zur Befreiung davon durch das Vertrauen in göttliche Barmherzigkeit. Weil mir diese Geschichte und die in ihr sich entfaltende Beziehung zu meiner religiösen Matrix[55] wichtig ist, habe ich sie in den Jahren 2012 und 2013, während der Unterschriftensammlung zur ersten BGE-Volksinitiative, in einem Buch aufgeschrieben. Das Buch, in dem ich zentrale Elemente aus der biblischen Tradition auf das Projekt Grundeinkommen beziehe, heisst *Erbarmen. Unterwegs mit einem biblischen Wort.*[56]

Lebensgeschichte

Ich bin nicht besonders «christlich» aufgewachsen. Mein Vater, von Beruf Architekt, war schon lang vor meiner Geburt aus der lutherischen Kirche ausgetreten, aus mir unbekannten Gründen. Meine Mutter hatte sich in ihrer Jugend vom

---

[54] Vgl. Ina Praetorius 2011b.
[55] Zum Begriff «Matrix» vgl. Ina Praetorius 2011a, 11-32.
[56] Ina Praetorius 2014.

schwäbisch-pietistischen Erbe ihrer Familie distanziert. Sie war Cembalistin und Fachfrau für Alte Musik. Beide waren verwurzelt im eurozentrischen Bildungsbürgertum. Sie liebten gotische Kathedralen, barocke Schlösser, Bach, Mozart, Brahms, Keller, Fontane und so weiter. Es war vollkommen selbstverständlich, dass sie ihre beiden Töchter in ein humanistisches Gymnasium schickten, wo Latein und Mathematik zu pauken und ein möglichst glänzendes Abitur abzulegen war, damit man dann ein schöngeistiges Studium beginnen konnte. Meine Mutter konnte mir wohl vor allem deshalb ihre eigene Arbeitsdisziplin weitergeben, weil sie sie nicht mehr wie ihre Vorfahr*innen im jenseitsorientierten Lebensstil des Pietismus begründete. Die «Frömmelei» ihrer Ahn*innen erregte ihren Spott, weshalb auch ich sie skurril fand.

Es war für mich hochgradig überraschend, als mir, der fleissigen links-kritischen Studentin der Germanistik und Anglistik, eine entfernte Bekannte eines Tages beiläufig dies sagte: *GOTT liebt uns doch bedingungslos, also ohne dass wir uns durch besondere Leistungen hervortun müssen!* Diese Zusage hatte ich tatsächlich nie bewusst zuhause, im Religions- oder Konfirmandenunterricht gehört. Warum? Hatten meine Älteren und Lehrer*innen Angst vor der Freiheit und Verantwortung, die aus bedingungsloser Zuwendung entsteht? - Ich fand die Aussage der jungen Frau jedenfalls derart existentiell erleichternd, dass ich mein Studienfach Anglistik fallen liess und fortan neben der Germanistik Theologie studierte.

Seit dieser biographischen Wende hat mich niemand mehr überzeugen können, dass im Zentrum des christlichen Vertrauens etwas anderes stehen könnte als die Gewissheit der *bedingungslosen Zuwendung* dessen, was man «Gott» nennt.

Wo steht diese Zusage in der Bibel? Wo findet sie sich in der kirchlichen und theologischen Tradition? Auf diese Fragen suchte ich im Theologiestudium Antworten.

Die bedingungslose Liebe GOTTES[57] in Bibel und Theologie

Als eigenständiges Stichwort lässt sich die *Bedingungslosigkeit* kaum in theologischen Nachschlagewerken finden. In der Bibel gibt es keinen Begriff, der gängigerweise mit diesem deutschen Wort übersetzt wird. Lese ich hingegen neuere theologische Texte zu Themen wie *Liebe* oder *Gott* oder *Erbarmen* oder *Barmherzigkeit*, so tauchen Attribute wie *bedingungslos* oder *unbedingt* häufig auf. Zum Beispiel so:

Das unbedingte Ja zum Menschen hat seinen Grund darin, dass die Macht des neuen Seins, die in Jesus Christus erschienen ist, von ihm Besitz ergriffen hat und ihn hält und trägt, bevor er es noch weiss, bevor er noch zu fragen, zu zweifeln und zu verzweifeln angefangen hat… Der Mensch muss nur bejahen, dass er bejaht ist. Er muss die Bejahung bejahen.[58]

---

[57] Um Gottesnamen als solche zu kennzeichnen, schreibe ich sie im Folgenden in Grossbuchstaben.

[58] Heinz Zahrnt über Paul Tillich, in: Zahrnt 1970, 443.

Welche Erfahrungen oder welche Sehnsucht stehen hinter Begriffsverbindungen wie *unbedingtes Ja* oder *bedingungslose Zuwendung*, mit denen Theologinnen und Theologen benennen, was in biblischer Tradition ein wesentliches Merkmal des Göttlichen ist? Es ist wohl zunächst vor allem die Erfahrung des Aufgehobenseins in einem nährenden Kosmos, wie sie sich zum Beispiel in vielen Psalmen ausdrückt:

EWIGE, bis über den Himmel hinaus reicht deine Freundlichkeit, deine Verlässlichkeit bis zu den Wolken. …
Mensch und Tier befreist du, EWIGE.
Wie kostbar ist deine Freundlichkeit, GOTT!
Menschen bergen sich im Schatten deiner Flügel.
Sie sättigen sich an der Fülle deines Hauses.
Vom Bach deiner Freude lässt du sie trinken.
Denn bei dir ist die Quelle des Lebens.
(Ps 36, 6-10a, BigS[59])

Dieselbe Erfahrung kommt auch in Calvins *Institutio* zur Sprache:

Wohin man die Augen blicken lässt, es ist ringsum kein Teilchen der Welt, in dem nicht wenigstens irgendwelche Fünklein seiner Herrlichkeit zu sehen wären! Man kann dieses gewaltige, wundervolle Gebäude, das ringsum daliegt, gar nicht mit einem Blick erschauen, ohne unter der Gewalt dieses unermesslichen Glanzes zusammenzusinken.[60]

---

[59] Bibel in gerechter Sprache (BigS) 2006.
[60] Johannes Calvin 1559 (2008), 30.

Beide, der Psalmist und der Reformator, staunen darüber, dass die Schöpfung GOTTES - und damit GOTT selbst - unüberschaubar gross, grosszügig und freundlich ist. Bevor Menschen sich überhaupt als Geschöpfe und tätige Wesen wahrnehmen können, haben sie schon unendlich viel geschenkt bekommen, und dieses Beschenktwerden setzt sich in jeder Minute ihres Lebens fort, wie Herzschlag und Atem. Wäre es nicht so, kein Mensch wäre mehr am Leben.

Was haben Menschen geschenkt bekommen? Letztlich *alles*, was sie sind und haben: Leben, Nahrung, Schutz, Schönheit, Geborgenheit, die Zuwendung der Mitmenschen, zuallererst der Mütter, die die menschlichen Neulinge neun Monate lang in sich herumgetragen haben, Tradition, Sprache, Moral und noch viel mehr. Wer könnte selbst einen Wassertropfen herstellen, eine Rose oder ererbtes tröstliches Lied? Wer könnte im Ernst Gesundheit, Schönheit oder Intelligenz als eigene Leistung für sich beanspruchen? Diese Grunderfahrung des umfassenden Genährtseins durch das unverfügbare UMUNSHERUM ist es, die Menschen dazu bringt, die bedingungslose göttliche LIEBE (1 Joh 4,8) zu loben.

Leid und Sehnsucht

Gleichzeitig ist das Aufgehobensein eine *Sehnsucht*. Denn jede und jeder kennt auch andere Erfahrungen: Ablehnung, Gefahr, Leiden, Gewalt, ermüdende Arbeit, Sinnlosigkeit und Verzweiflung. Heute nennt man es auch: Stress, Konkurrenz- und Leistungsdruck, Hamsterrad, Depression, Ausgebranntsein,

Burnout. Psycholog*innen sprechen manchmal von *Regression*, wenn sie den Wunsch benennen, sich aus all dem Leid, aus der Fülle bedrückender Nachrichten über Klimawandel und Pandemie, Krieg, Gewalt und Hungersnöte zurückzuziehen und nichts mehr von alldem wissen zu wollen. *Wohin* kann man sich zurückzuziehen? Wenn man es sich leisten kann: in eine Wellnessoase, in ein warmes Bett oder ein Thermalbad. Oder dann in den bergenden Mutterbauch einer Kirche, wo eine einfach schweigend dasitzen kann, bis sie allmählich wieder spürt: doch, DER TRAGENDE GRUND ist immer noch da.

Der hebräische Begriff für das umfassende göttliche ERBARMEN ist mit dem Wort für Mutterleib, Gebärmutter, Matrix[61] verwandt: *Rähäm* heisst Mutterleib, und *Rahamim,* der Plural, ist das ERBARMEN.[62] Diese etymologische Verbindung besteht auch im Arabischen. Auch im Koran ist der häufigste Name für ALLAH: ar-*Rahman* beziehungsweise *Ar-Rahim*: ALLERBARMER, ALLBARMHERZIGE, MUTTERBAUCH-GOTT:

113 der 114 koranischen Suren beginnen mit der Formel «Im Namen Gottes, des Allbarmherzigen, des Allerbarmers». ... Der Koran ... stellt die Barmherzigkeit nicht nur als Attribut Gottes, sondern als Wesenseigenschaft Gottes dar, die von Gott nicht getrennt werden kann, ja er setzt sie Gott gleich.[63]

Dasselbe Grundvertrauen, das Mouhanad Khorchide hier als wesentliches Merkmal des Islam herausarbeitet, ist

---

[61] Ina Praetorius 2011, 11-32.
[62] Thomas Staubli, Silvia Schroer, Von der Gebärmutter und dem Mitleid, in: Staubli/Schroer 2014, 53-55.
[63] Mouhanad Khorchide 2012, 35.

konzentriert in dem, was christliche Theologinnen und Theologen die biblische «Gnadenformel»[64] nennen:

ICH-BIN-DA. Ein mitfühlender, gnädiger GOTT bin ich, langmütig, treu und wahrhaftig.(Ex 34, 6 u.a., BigS)

Jesus Christus und die LIEBE

Im Christ*innentum wird das göttliche ALL-ERBARMEN mit der Person und Geschichte Jesu Christi verbunden:

Denn ich verlasse mich darauf: Weder Tod noch Leben, weder himmlische noch staatliche Mächte, weder die gegenwärtige Zeit noch das, was auf uns zukommt, weder Gewalten der Höhe noch Gewalten der Tiefe, noch irgendein anderes Geschöpf können uns von der Liebe Gottes trennen, die im Messias Jesus lebendig ist, dem wir gehören. (Rm 8, 38f, BigS)

Dieses paulinische Credo bezieht sich historisch darauf, dass die Zeitgenoss*innen des Jesus von Nazaret in diesem jungen Zimmermann und Wanderprediger etwas von der bedingungslosen göttlichen LIEBE gespürt haben müssen. Viele der Geschichten, die Jesus erzählt haben soll, handeln von der beglückenden immer neuen ZUWENDUNG: Der verlorene Sohn, der barmherzige Samariter, die Arbeiter im Weinberg, die Bergpredigt… Und viele seiner Begegnungen vor allem mit Randständigen, Kranken, Kindern, Frauen, Fremden und

---

[64] Die Bezeichnung geht auf Hermann Spieckermann zurück. Vgl. Ruth Scoralick 2002, 23.

anderen Ausgegrenzten übersetzen die göttliche LIEBE in zwischenmenschliches Handeln.

Das exzentrisch weltzugewandte Leben des Jesus von Nazaret hat mit einer gewissen Konsequenz zum Todesurteil geführt. In den Geschichten von der Auferstehung, später in den kirchlichen Dogmen vom rettenden Sühnetod haben sich die Über- und Nachlebenden auf unterschiedliche Weise zurechtgelegt, inwiefern sein Tod am Kreuz nicht das Ende, sondern ein Neuanfang ist: der Anfang eines Seinsverständnisses, das sich auf das Vertrauen in ein bedingungsloses JA zurückbesinnt und, im Sinne der *Nachfolge*, das Empfangene weitergibt in die Welt der Mitgeschöpfe. Durch die Art, wie Jesus von Nazaret gelebt hat und wie er gestorben ist, hat er die Tür in eine Existenzform wieder aufgestossen, die schon die Psalmist*innen und Prophet*innen vor ihm kannten und die Johannes und Paulus das *Wandeln im Geist* (Gal 5,25) oder das *Bleiben in der Liebe* (Joh 15,10) nennen.

Wenn ich Worte für diese unängstliche, vertrauende, schenkende Existenzform suche, dann hat es mir vor allem eine Formulierung Martin Luthers angetan:

Sieh, so fliesst aus dem Glauben die Liebe und die Lust zu Gott und aus der Liebe ein freies, williges, fröhliches Leben, den (orig.: dem) Nächsten umsonst zu dienen.[65]

---

[65] Martin Luther 1520 (1982), 260.

Selbstredend bezieht Luther sich hier ausschliesslich auf die christliche Gemeinde. Mir gefällt es aber, dass in diesem Spitzensatz aus seiner Schrift *Von der Freiheit e'nes Christenmenschen* Jesus Christus nicht vorkommt. So wichtig mir als Christin die Beziehung zur zweiten Person der Dreifaltigkeit ist, so klar scheint mir, dass Luthers Bild vom fröhlichen Fliessen der Liebe aus dem unbedingten göttlichen JA auch ohne den ausdrücklichen Bezug auf den «Herrn» Jesus Christus existentiell verständlich ist. Für interreligiöse Gespräche ist solche Weite sehr wichtig.

Die bedingungslose Liebe GOTTES und das bedingungslose Grundeinkommen

Was bedeutet das Vertrauen in die bedingungslose LIEBE, die aus dem UNVERFÜGBAREN fliesst, für menschliches Zusammenleben hier und heute, in der krisenhaften Welt des 21. Jahrhunderts?

Zwei biblische Sätze leiten mein Nachdenken zu dieser Frage:

GOTT ist im Himmel, und du bist auf der Erde. Deshalb mach' nicht viele Worte. (Koh 5,1, Zürcher Bibel)

Dieser Satz aus dem Buch Kohelet bringt eine Einsicht auf eine Kurzformel, die sich durch die gesamte Bibel zieht: Unsere Aufgabe als Menschen ist es nicht, wortreich über GOTT und jenseitige Dinge zu spekulieren, sondern hier auf der Erde das notwendige Gute zu tun. In Korrelation dazu setze ich ein ebenso lakonisches Wort aus der Bergpredigt. Es folgt direkt auf das Gebot der Feindesliebe:

Seid nun vollkommen, wie euer GOTT im Himmel vollkommen ist. (Mt 5, 48, BigS)

Auch dieser Satz lässt keinen Zweifel daran aufkommen, was unsere Aufgabe als Menschen ist: Als bedingungslos angenommene Geschöpfe sollen und können wir GOTT in der Welt wirksam werden lassen, oder in den Worten Martin Luthers: Wir können DIE LIEBE (1 Joh 4,8) *fliessen lassen*, so wie sie täglich aus dem grossen UMUNSHERUM in uns hineinfliesst.

Heute lebt die Menschheit in einer Geldwirtschaft. Ob es mich freut oder nicht: Es ist eine Tatsache, dass die grosse Mehrheit der Menschen nicht mehr ohne Geld auskommt. Zwar gibt es nach wie vor ein paar Nischen, in denen Exzentriker*innen beweisen, dass Geld nicht Natur und nicht im strengen Sinne lebensnotwendig ist, sondern eine noch relativ junge Erfindung. Im Prinzip könnte die Menschheit das Geld, anders als Luft, Wasser, Wetter oder Klima, wieder abschaffen. Man kann Geld ja weder einatmen noch essen noch anziehen. Hingegen kann man es aus dem Nichts schaffen und beliebig vermehren oder verknappen, je nach politischem Interesse.

Wo liegt mein politisches Interesse, wenn ich die Welt analog zur bedingungslosen LIEBE GOTTES gestalten will? Ich gelange mit Konsequenz zu dieser Antwort: Alle Menschen gleichermassen sind von Geburt an anerkannt als unverwechselbare Personen, die das Recht haben, ein Leben in Würde zu führen. In einer Gesellschaft, die das Geld zum unverzichtbaren Quasi-Lebensmittel gemacht hat, muss das bedeuten: Alle Menschen haben Anspruch auf einen

Geldbetrag, der ihnen «ein menschenwürdiges Dasein und die Teilnahme am öffentlichen Leben»[66] ermöglicht, vom ersten bis zum letzten Tag ihres Lebens, unabhängig davon, welche Leistungen sie erbringen.

Natürlich, zum Glück, ist diese Ableitung naiv, genau so na(t)iv[67] wie Jesus von Nazaret. Der Begriff *Naivität* leitet sich vom lateinischen Verb *nasci* ab. *Nasci* heisst: *geboren werden*. Das Partizip *na(t)ivus* meint also im Wortsinn *geburtlich, von der Geburt her betrachtet*. Wie nativ Jesus von Nazaret nach dem Zeugnis der Evangelien gedacht und gelebt hat, zeigt sich besonders in seiner Antwort auf die Frage, wer am grössten sei:[68]

Da rief Jesus ein Kind herbei, stellte es in ihre Mitte und sagte: «Wahrhaftig, ich sage euch, wenn ihr nicht umkehrt und werdet wie die Kinder, werdet ihr nicht in GOTTES gerechte Welt hinein gelangen.» (Mt 18, 2f BigS)

Im Kontrast zur jesuanischen Nativität steht zum Beispiel das **Urteil des Verbands** *Economiesuisse* über die Erste Volksinitiative für das bedingungslose Grundeinkommen:

Das Grundeinkommen würde zu einem massiven Rückgang der wirtschaftlichen Leistung und der Konkurrenzfähigkeit der

---

66 Aus Art. 2 des von der Ersten Eidgenössischen Volksinitiative «Für ein bedingungsloses Grundeinkommen» vorgeschlagenen Verfassungsartikels.
67 Vgl. Ina Praetorius 2016, 33f.
68 Vgl. dazu Ina Praetorius 2013a.

Schweiz führen. Ein enormer Wohlstandsverlust wäre die Folge.[69]

Nicht jesuanisch nativ ist es nämlich, wirtschaftliche Leistung und Konkurrenzfähigkeit zu end- und letztgültigen Normen zu erklären und Wohlstand kurzerhand mit dem gleichzusetzen, was die Schweiz bis heute erreicht hat. Wenn ich GOTT vertraue, dann gilt es an diesem Punkt genau die Fragen zu stellen, die ich zwischen April 2012 und März 2013 im Rahmen der Unterschriftensammlung für die Erste Eidgenössische Volksinitiative für ein bedingungsloses Grundeinkommen mit unzähligen Leuten auf der Strasse besprochen habe: Was ist Wohlstand? *Welchen* Wohlstand wollen wir? Was ist Glück? Was ist Arbeit? Welche und wie viel Arbeit brauchen wir als Gesellschaft? Wie wollen wir in Zukunft leben? - Mit einigen, die sich mir gegenüber als religiös musikalisch zu erkennen gaben, habe ich auch Fragen wie diese besprochen: Was bedeutet der Begriff *Christliches Abendland*? Könnte er mehr bedeuten als den kapitalistischen Status quo, in dem wir uns eingerichtet haben?

Wäre Johannes Calvin noch am Leben, hätte er tatsächlich disziplinierte Konkurrenz in die Mitte seiner Theologie gestellt und wollte er mit mir ins Gespräch kommen, ich könnte ihn beruhigen: Nein, das bedingungslose Grundeinkommen setzt das Prinzip der Leistungsgerechtigkeit nicht ausser Kraft, auch nicht den Leistungswillen der Menschen oder die Lust auf Wettbewerb. Es rückt all dies aber aus der Mitte an den Rand.

---

[69] Zitiert in: Bedingungsloses Grundeinkommen 2013.

Zusätzlich zu der grundlegenden, auch in Geld auszudrückenden Zuwendung, die Menschen brauchen und die ihnen zusteht, weil sie einzigartige Geschöpfe sind inmitten eines geschenkten *gewaltigen, wundervollen Gebäudes, das ringsum daliegt,*[70] wird es weiterhin Lohnarbeit und damit die Möglichkeit geben, sich, wenn es denn selig macht, durch sichtbaren Erfolg vor GOTT und den Menschen auszuzeichnen. Aber wir werden in der zukünftigen Gesellschaft mit bedingungslosem Grundeinkommen verstehen, worum es *in erster Linie* geht: Darum, dass wir einander als unverfügbare, unverwechselbare Mitgeschöpfe annehmen, dass wir einander vertrauen und dass wir frei werden zu entscheiden, mit welcher Art Tätigkeiten wir das Zusammenleben der Menschen im verletzlichen Kosmos Erde so nähren wollen, dass die LIEBE, die in jeder Sekunde unseres Lebens in uns hinein fliesst, weiter fliessen kann in eine Welt, die wohnlich für alle ist.[71]

Bibliographie

Bedingungsloses Grundeinkommen, in: Der Arbeitsmarkt vom 07.10.2013 https://bit.ly/3BwzfvI (14.12.2022)

Bibel in gerechter Sprache (BigS), herausgegeben von Ulrike Bail et al., Gütersloh (Gütersloher Verlagshaus) 2006

Blaschke, Ronald, Praetorius, Ina, Schrupp, Antje, Das bedingungslose Grundeinkommen. Feministische und postpatriarchale Perspektiven, Sulzbach/Taunus (Ulrike Helmer Verlag) 2016

---

[70] Johannes Calvin 1559 (2008), 30, vgl. Fussnote 13.
[71] Hans Jörg Fehle, Andrea Langenbacher 2021.

Calvin, Johannes, Unterricht in der christlichen Religion. Institutio Christianae Religionis. Nach der letzten Ausgabe von 1559 übersetzt und bearbeitet von Otto Weber, Neukirchen-Vluyn (foedus/Neukirchener Verlag) 2008

Eidgenössische Volksabstimmung «Für ein bedingungsloses Grundeinkommen», Initiativtext https://bit.ly/3PkPlZL (14.12.2022)

Eidgenössische Volksinitiative «Leben in Würde – Für ein finanzierbares bedingungsloses Grundeinkommen», Initiativtext https://bit.ly/3hjMb1g (14.12.2022)

Fehle, Hans Jörg, Langenbacher, Andrea (Hrsg.), Dass die Welt wohnlich für alle wird. Klartexte, Anfragen, Perspektiven. Ina Praetorius zum 65. Geburtstag, Ostfildern (Matthias Grünewald Verlag) 2021

Khorchide, Mouhanad, Islam ist Barmherzigkeit. Grundzüge einer modernen Religion, Freiburg i.Br. (Herder) 2012

Luther, Martin, Von der Freiheit eines Christenmenschen (1520), in: Ders., Ausgewählte Schriften Bd. 1, Aufbruch zur Reformation, herausgegeben von Karin Bornkamm und Gerhard Ebeling, Frankfurt a.M. (Insel Verlag) 1982, 238-263

Praetorius, Ina, Die Würde der Geborenen. Postpatriarchale Ethik in biblischer Tradition, in: Severin J. Lederhilger (Hrsg.), Gott verlassen. Menschenwürde und Menschenbilder, Frankfurt a.M. (Peter Lang) 2007, 163-177

Praetorius, Ina, Ich glaube an Gott und so weiter, Gütersloh (Gütersloher Verlagshaus) 2011 (2011a)

Praetorius, Ina, Calvin lesen im ausgehenden Patriarchat, in: Dies. Immer wieder Anfang. Texte zum geburtlichen Denken, Ostfildern (Matthias Grünewald Verlag) 2011 (2011b), 24-38

Praetorius, Ina, Wenn ihr nicht werdet wie die Kinder... (Mt 18, 1-5), in: DurchEinAnderBlog 13. Juni 2013 (2013a), https://bit.ly/3YmM8lN (15.12.2022)

Praetorius, Ina, Bedingungslos? Ein Beitrag zur Theologie des Grundeinkommens (Vortrag, gehalten am 7. November 2012 im evangelisch-reformierten

Kirchgemeindehaus Zürich-Neumünster), in: DurchEinAnderBlog 10. Juli 2013 (2013b) https://bit.ly/3FNzpBv (14.12.2022)

Praetorius, Ina, Erbarmen. Unterwegs mit einem biblischen Wort, Gütersloh (Gütersloher Verlagshaus) 2014

Praetorius, Ina, Ökonomie der Geburtlichkeit: Wer das bedingungslose Grundeinkommen will, muss Wirtschaft vom menschlichen Anfang her denken, in: Ronald Blaschke et al. 2016 a.a.O., 31-45

Scoralick, Ruth, Gottes Güte und Gottes Zorn. Die Gottesprädikationen in Ex 3,6 und ihre intertextuellen Beziehungen zum Zwölfprophetenbuch, Freiburg/Basel/Wien (Herder) 2002

Staubli, Thomas, Schroer, Silvia, Menschenbilder der Bibel, Ostfildern (Patmos Verlag) 2014

Weber, Max, Die protestantische Ethik und der «Geist» des Kapitalismus, Studienausgabe, Andrea Maurer (Hg.), Stuttgart (Reclam) 2017

Zahrnt, Heinz, Die Sache mit Gott. Die protestantische Theologie im 20. Jahrhundert, München (Piper Verlag) 1970

Zürcher Bibel, Zürich (TVZ) 2007

Biografische Angaben:

Dr.theol. Ina Praetorius

Kirchenrain 10
CH-9630 Wattwil

contact@inapraetorius.ch
https://www.inapraetorius.ch/d/

Foto: Katja Niderös

Meine Mutter, Lisedore Praetorius-Häge hat mich 1956 in Karlsruhe geboren. In Grötzingen bei Karlsruhe und Unterreichenbach bei Calw bin ich aufgewachsen. Nach dem Abitur am Reuchlingymnasium Pforzheim im Jahr 1975 habe ich in Tübingen, Zürich und Heidelberg Germanistik und evangelische Theologie studiert. Von 1983 bis 1987 war ich Assistentin am Institut für Sozialethik der Universität Zürich. 1988 habe ich Hans Jörg Fehle geheiratet. Siebzehn Jahre lang lebten wir im Pfarrhaus von Krinau im Toggenburg. Im Jahr 1989 kam unsere Tochter Pia Clara zur Welt, und 1992 habe ich an der theologischen Fakultät Heidelberg promoviert. Im Sommer 2004 sind wir nach Wattwil umgezogen, wo wir heute noch wohnen. Seit 1987 bin ich als freie Autorin und Referentin tätig. Ich biete auch persönliche Beratungen zur post-patriarchalen Lebensgestaltung an und bin offen für alle möglichen Formen des gemeinsamen Weltbewegens.

SILKE NIEMEYER

WER NICHT ARBEITEN WILL, SOLL AUCH NICHT ESSEN

Im Web gefunden bei „Kirche im WDR"[72]

Eine Sendung von Evangelische Kirche in WDR 3 / WDR 4 am 01.05.2015, Autorin: Silke Niemeyer

Abdruck mit freundlicher Genehmigung der Autorin und der Sende-beauftragten

Ich wünschte mir, dass auch andere Bibelworte so bekannt und bei Politikern so beliebt wären wie dieser Satz vom Apostel Paulus. Sogar bis in die Verfassung der Sowjetunion hatte es das Pauluswort geschafft: „Die Arbeit ist in der UdSSR Pflicht und Ehrensache jedes arbeitsfähigen Staatsbürgers nach dem Grundsatz: ‚Wer nicht arbeitet, soll auch nicht essen.'" Zur Verteidigung von Hartz IV griff der ehemalige Vizekanzler und Bundesarbeitsminister Franz Müntefering zur Autorität der Heiligen Schrift: „Nur wer arbeitet, soll auch essen!" polterte er. Der Bibelsatz wurde zur politischen Waffe gegen Arbeits-lose.

Nicht lange nach „Müntes" markiger Lektion in christlicher Arbeitsmoral verhungerte tatsächlich ein junger Mann in seiner Wohnung. Das Jobcenter hatte ihm nach und nach die Bezüge bis auf null gekürzt, weil er sich nicht meldete. Der 20-Jährige war psychisch krank, lernbehindert und litt unter Depressionen. Warum er nichts von sich hören ließ und wovon er lebte,

---

[72] https://www.kirche-im-wdr.de/startseite?tx_krrprogram_pi1[programuid]=3352

danach fragte keiner. Nachdem er über Monate zu wenig gegessen hatte, starb er. Aber wem sollte man einen Vorwurf machen – alles war nach Recht und Gesetz gelaufen. Hier stellte das Hartz-Prinzip seine grausame Logik unter Beweis.

„Nur wer arbeitet, soll auch essen." Genug zu essen bekommt der Mensch demnach nicht, weil er Mensch ist, sondern weil er arbeitet. Im Hartz-Gesetz ist das unbedingte Grundrecht auf Leben und Existenz abgeschafft. Es ist umgewandelt in ein Tauschverhältnis: Lebensrecht gegen Arbeitspflicht. Daran fügt sich nahtlos die Kanzlerinnen-Parole: „Sozial ist, was Arbeit schafft." - Egal, welche Arbeit.

Man muss Paulus jedoch richtig zuhören. Er sagt: „Wer nicht arbeiten will, soll auch nicht essen." Damit hat er keine landläufige Faulpelzerei im Sinn. Es ist eine streitlustige Spitze gegen Enthusiasten seiner Zeit. Die dachten, der gekreuzigte und auferstandene Christus käme ja ganz bald wieder. Und deshalb sei es nicht nötig, sich noch um den Lebensunterhalt zu kümmern. Solidarität mit anderen war ihnen egal. Sie schwebten über den Dingen. Paulus geht ihr religiöser Egotrip mächtig auf die Nerven. Er will sie auf den Boden der Tatsachen zurückholen.

Paulus würde sich im Grabe herumdrehen, wüsste er, dass sein Vers Arbeitslosen um die Ohren gehauen wird, die Bewerbung um Bewerbung schreiben, von Maßnahme zu Maßnahme geschickt werden. Wer nicht arbeiten will, soll auch nicht essen, heißt heute: Arbeite um jeden Preis. Übernimm auch noch den sinnlosesten Job und die mieseste Beschäftigung. Und wenn du keine Arbeit findest, dann arbeite hart daran, deinen prinzipiellen Willen unter Beweis zu stellen.

So etwas liegt Paulus fern. In der damaligen Welt war Arbeit etwas für Sklaven, nicht für freie Bürger. Die Christen haben das anders verstanden. Sie haben Arbeit gewürdigt als Beitrag zu Gottes Schöpfungswerk. Sie soll Gott ehren und dem Nächsten dienen. Und sie soll nicht grenzenlos sein. Dafür sorgt der Feiertag. Arbeit um der Arbeit willen und um jeden Preis ist unchristlich.

Die Hartz-Schikane wird nicht nur mit Bibelsprüchen garniert, sondern auch mit Wundererzählungen. Die biblischen Wunder werden in der Regel nicht geglaubt, das so genannte Jobwunder gern. Früher wurde über die wunderbare Brotvermehrung in der Bibel gestaunt, heute über die wunderbare Arbeitsvermehrung. Wie die wunderbare Brotvermehrung funktioniert hat, weiß man nicht. Wie das Wunder funktioniert, dass bei gleich bleibendem Arbeitsvolumen die Jobs zunehmen, schon: mehr miese Maloche.

Wer nicht arbeiten will, soll auch nicht essen? Die Arbeiterbewegung hat die nötige Ergänzung gefunden und Paulus damit einen Dienst erwiesen: „Und weil der Mensch ein Mensch ist, drum braucht er was zu essen, bitte sehr".

Biografische Angaben:

Silke Niemeyer

Geb. 1964 in Hamm/Westfalen. Verheiratet, Theologiestudium in Münster und Kiel, Vikariat in Münster, Gemeindepfarrerin in Recklinghausen/ Ruhrgebiet, danach in Lüdinghausen/ Münsterland. Seit 2021 persönliche theologische Referentin der Präses der Ev. Kirche von Westfalen.

Silke Niemeyer -Privatfoto

https://rundfunk.evangelisch.de/persone

E-Mail: Silke.Niemeyer@ekvw.de

FERDINAND ROHRHIRSCH :
ZUR BEDEUTUNG DES MENSCHENBILDES IN DER DISKUSSION ZU EINEM BEDINGUNGSLOSEN GRUNDEINKOMMEN: PHILOSOPHISCHE UND THEOLOGISCHE ANMERKUNGEN

Auszug aus dem Buch „Zur Bedeutung des Menschenbildes in der Diskussion zu einem bedingungslosen Grundeinkommen: Philosophische und theologische Anmerkungen"

https://publikationen.bibliothek.kit.edu/1000009998
(mit Download-Möglichkeit)

Hrsg. : KIT Scientific Publishing (7. Dezember 2009)
ISBN : 978-3866443259

Zusammenfassung

Die Diskussion der möglichen Auswirkungen eines bedingungslosen Grundeinkommens zeigt nachdrücklich die Wirksamkeit eines zugrundeliegenden Menschenbildes. Das gängige Bild des Menschen ist das eines zur Inaktivität neigenden, intelligenten Tieres, das zur Selbststeuerung fähig ist. Darüber hinaus kann es durch geeignete, außengesteuerte Anreizmechanismen „aktiviert" werden.

Dominiert wird der Mensch durch eine Vernunft, die sich als planende und berechnende Rationalität begreift und bestimmt. In dieser Ausprägung hat sie es als „wissenschaftliche" Vernunft zur Blüte gebracht. Ihre Erkenntnisse wie ihre Erfolge bestätigen und legitimieren ein dem gemäßes Denken. Die Ausprägung und Überhöhung dieser Rationalitätsform bewirkt, dass die Leiblichkeit des Menschen als unvollständig, ja als Gegner des Menschen aufgefasst wird. Der wahre Mensch ist der „geistige" (das heißt rational ausgeprägte) Mensch.

Die Frage nach dem Bild des Menschen ist keine belanglose Frage. Wer nach dem Menschen fragt, fragt nach sich selbst. Die Frage nach dem Menschenbild hat den Charakter einer *Gretchenfrage*.

Gretchenfragen eröffnen den eigentlichen Zugang zum Menschen. Wer sich Fragen dieser Art aussetzt, der wird sich seiner Freiheit und Autonomie bewusst. Das Wissen um und das Haben von Freiheit verbürgt noch keinen sachgerechten Gebrauch. Die Anforderungen, die einer Person aus ihrem Freisein erwachsen, lassen sich weder mit purer Rationalität noch mit Instinkt allein beantworten.

Damit ist ein Zentralproblem des Grundeinkommens angesprochen. Wie können Personen zum verantwortlichen Freiheitsgebrauch motiviert bzw. angeleitet werden? Ist dies möglich mit Druck, Sanktion etc.? „Arbeitet" niemand mehr, wenn er sich nicht dazu genötigt erfährt, sei es von (s)einer Natur oder einer Agentur für Arbeit? Oder ist in diesen Befürchtungen ein Bild des Menschen herrschend, das durch eine Rationalität bestimmt wird, die in ihrer Flucht vor ihrem Grund „Natur" zwangsläufig als mangelhaft und minderwertig bewertet?

In ihrer Verkennung des Menschen verkennt sie, was Arbeit für das Menschsein bedeutet. Arbeit ist mehr und anderes als Beschäftigung. Arbeit ist Selbstausdruck, das heißt Vollzug des Menschseins. Arbeit ist Gegenwart, ist Geistesgegenwärtigsein.

Ein Grundeinkommen erscheint vielen als ungeheuerliche Möglichkeit. Das ist es. Mit ihm kann die Frage nach dem Sinn menschlichen Lebens (je meines Lebens) nicht mehr mit alleiniger Existenzsicherung beantwortet werden. Die Zumutung, sich seiner Sinnhaftigkeit zu stellen und diese „arbeitend" zu vollziehen macht Angst – führt sie doch vor die eigene Freiheit und somit in den Grund des eigenen Wesens.

Biografische Angaben:

Dr. theol. Ferdinand Rohrhirsch

http://www.ferdinand-rohrhirsch.de/
https://de.wikipedia.org/wiki/Ferdinand_R
ohrhirsch

Dr. theol. habil., außerplanmäßiger
Professor für Philosophie an der
Katholischen Universität Eichstätt-
Ingolstadt

* 21. September 1957 in Offingen an der Donau (Bayern);
† 16. März 2018 in Esslingen am Neckar

• seit 1997 Lehre an der Theologischen Fakultät der Katholischen Universität Eichstätt
• seit 1999 Dozent für die Hanns-Seidel Stiftung e.V. München (Führung, Ethik, Medien)
• seit 2007 Dozent am Aufbaustudiengang "Wertorientierte Mitarbeiterführung und Organisationsentwicklung" der Katholischen Universität Eichstätt.

ANHANG

DOSSIER DER KATHOLISCHEN AKTION ÖSTERREICH FÜR DEN SYNODALEN PROZESS:
ARBEIT UND SOZIALE FAIRNESS

https://www.kaoe.at/dossiers

Arbeit ist aktiver Ausdruck menschlicher Schaffenskraft, sie sorgt für das tägliche Brot und dient dem Gemeinwohl. Deshalb können wir es nicht hinnehmen, dass die neoliberale Wirtschaft Arbeit auf einen Kostenfaktor reduziert, und die Ärmsten – bei uns oder anderswo auf der Welt – systematisch ausbeutet und benachteiligt. Die aktuellen Krisen zeigen uns: die unteren Einkommensgruppen sind am stärksten betroffen, die Schere zwischen arm und reich geht immer weiter auf. Wir treten ein für ein Grundrecht auf eine solide Existenzgrundlage in allen Lebensphasen, sei es auf Grundlage von fairen Löhnen, öherem Arbeitslosengeld oder auch einem allgemeinen Grundeinkommen.

Die Katholische Aktion Österreich (#kaoe) ist die offizielle und größte Laienorganisation der Katholischen Kirche in Österreich und umfasst die Katholische Jungschar, Katholische Jugend, Katholische Hochschuljugend, Katholische Frauenbewegung, Katholische Männerbewegung, Katholische Arbeitnehmer:innenbewegung, Katholischer Akademiker:innenverband - und das in allen Diözesen. Dazu das Forum Beziehung, Ehe, Familie und das Forum Kunst, Wissenschaft, Medien.

In Krisenzeiten und ihren Folgeerscheinungen zeigt sich die Verfasstheit einer Gesellschaft, ihre Stabilität, aber auch ihre Bruchlinien und Gefährdungen. Die Covid-Pandemie zeigt bereits deutliche Folgen. Was die gegenwärtige Kriegssituation in der Ukraine, in Europa und darüber hinaus, für Gesellschaft und Wirtschaft bedeutet, wird ist erst in Ansätzen spürbar. Nach dem methodischen Dreischritt Sehen – Urteilen – Handeln werden hier die zentralen Fragen nach Arbeit und sozialer Fairness beleuchtet.

1. Sehen

Die Arbeitswelt unterliegt, wie alle anderen Wirtschafts-bereiche, den Gesetzmäßigkeiten der neoliberalen Markt-wirtschaft, Arbeit ist in diesem System auf einen Kostenfaktor reduziert. Er muss so niedrig wie möglich gehalten werden, damit Betriebe konkurrenzfähig bleiben.Das spüren die Akteur*innen der Arbeitswelt auf allen Ebenen und in allen Branchen. Arbeitsverdichtung und Flexibilisierung der Arbeits-zeit nach betrieblichen Anforderungen erschweren vielen Menschen den Arbeitsalltag. Gemeinsames Leben in Familie und Gesellschaft kommt immer mehr unter Druck. Prekäre, schlecht bezahlte und unsichere Arbeitsverhältnisse nehmen zu.

Von der Krise ungleich betroffen

Die Krise betrifft alle, doch nicht alle gleich. Zu Beginn der Pandemie verloren viele Menschen ihren Arbeitsplatz, die Arbeitslosigkeit stieg auf eine Höchstmarke. Das traf vor allem Arbeiter*innen, Beschäftigte in den unteren   Einkommensschichten und Ältere. Wegen der in Österreich niedrigen Nettoersatzrate beim Arbeitslosengeld von 55% sind vor allem Langzeitarbeitslose akut armutsgefährdet, und viele von ihnen tatsächlich von Armut betroffen. Auch wenn derzeit nach Arbeitskräften gesucht wird, sind nach wie vor viele Menschen langzeitarbeitslos und durch gesundheitliche Einschränkungen oder Mobilitätshindernisse ohne Chance auf einen nachhaltigen und guten Arbeitsplatz. Mehr als ein Drittel der Menschen hat Einkommensverluste erlitten, vor allem in den unteren Einkommensgruppen. Für sie geht es schnell um die Existenz. Für Vermögende hat die Krise oft den gegenteiligen Effekt, sodass es zu einem Vermögenszuwachs kam, was im Endeffekt die Schere zwischen Arm und Reich auch in Österreich aufgehen lässt.

Junge, Dienstleistungsbereich und Care-Arbeit

Junge Menschen wurden in der Pandemie durch den Verlust ihrer sozialen Kontakte massiv eingeschränkt. Distance learning und Isolation trafen vor allem Kinder und Jugendliche aus ärmeren Bevölkerungsschichten. Die vorhandene Bildungsungleichheit vertiefte sich, und der Start ins Berufsleben wurde für sie noch schwieriger.

Die Covid-Krise hat den gesamten Dienstleistungsbereich in den Fokus gerückt. Die Beschäftigten im Bildung- und Kinderbetreuungsbereich, in der Kranken- und Altenpflege, aber auch in Transport, Logistik, Handel und Reinigung wurden als „systemrelevant" erkannt und definiert. In Österreich halten über eine Million Menschen in diesen Beschäftigungsbereichen unsere Wirtschaft am Laufen und sichern so die tägliche Versorgung aller.Im Unterschied zu den systemrelevanten Banken, die in der Wirtschaftskrise 2008 mit Milliarden an Steuergeldern gerettet wurden, änderte sich jedoch bisher nichts an der notorischen Unterfinanzierung, der geringen Wertschätzung und den schlechten Arbeitsbedingungen in diesen Bereichen.

In diesem Zusammenhang ist auch der besondere Blick auf die Care-Arbeit wichtig: Sorge-Arbeit wird überwiegend von Frauen, bezahlt und unbezahlt, geleistet. Der Vergleich zu anderen Branchen zeigt ein Lohnniveau im unteren Bereich. Hohe Teilzeitquoten, ein niedriger gewerkschaftlicher Organisierungsgrad und die Erpressbarkeit durch die emotionale Bindung an die zu Betreuenden erschweren den Kampf um adäquate Bezahlung. Der eklatante Arbeitskräftemangel widerspricht dem sonst beschworenen Marktprinzip und bedeutet für die Beschäftigten eine massive Überbelastung.

Frauen leisten auch den überwiegenden Anteil der unbezahlten Sorgearbeit. Sie ist die Voraussetzung, damit Wirtschaft überhaupt funktionieren kann. Dennoch wird sie in der volkswirtschaftlichen Gesamtrechnung geflissentlich ignoriert. Während der Pandemie wurde offensichtlich, dass Frauen im privaten Bereich viel mehr Hausarbeit, Kinderbetreuung und Lernbegleitung übernommen haben, oft verbunden mit einer Reduzierung ihrer Arbeitszeit und/oder erhöhtem Stress durch gleichzeitige Homeoffice-Leistungen. Die ungerechte Verteilung zwischen Männern und Frauen geht auf Kosten der Frauen durch Mehrfachbelastung, geringe Einkommen, Existenzsorgen und (Alters-)Armut. Kinder sind durch familiäre Stresssituationen und Geldnöte besonders belastet und tragen damit eine schwere Hypothek für ihre Zukunft.

Armutsgefährdet sind vor allem auch Beschäftigte mit Migrationshintergrund, und eine besondere Situation haben die 24-Stunden-Betreuer*innen. Sie arbeiten vielfach als Schein-selbständige mit sehr niedrigem Lohn und fehlender sozialer Absicherung. Als Teil einer globalen Betreuungskette hinterlassen sie eine große Lücke in ihren eigenen Familien in den Herkunftsländern und im dortigen Sozialgefüge.

Für wen ist Homeoffice möglich?

Eine deutliche Veränderung in der Arbeitswelt bewirkte die Covid-Krise durch Heimarbeit, ein früher eher negativ besetzter Begriff, der als „Homeoffice" zum Hype geworden ist. Auch hier zeigt sich eine Spaltung, denn für die meisten Arbeiter*innen ist Homeoffice nicht möglich. Positiven Effekten wie den Wegfall des Arbeitsweges stehen problematische Seiten gegenüber, wie das Verwischen der Grenze zwischen Arbeitszeit und Freizeit, der Verlust von sozialen Kontakten und Unklarheiten über den arbeitsrechtlichen Rahmen.

2. Urteilen

Arbeit ist der Dreh- und Angelpunkt der sozialen Frage (Laborem exercens 3)

Veränderungen in der Arbeitswelt bewirken immer gesellschaftliche Veränderungen. Zu den polarisierenden Bewertungen der Corona-Maßnahmen kommen spaltende soziale Folgen der Epidemie. Ein gespaltener Arbeitsmarkt hat eine hohe politische Polarisierung zur Folge. Einerseits erleben wir neue Arbeit in Form einer Rückkehr der „Dienstbotengesellschaft", es wird ja dafür geworben, von Zuhause aus bequem zu bestellen. Die Lieferung ins Haus soll jedoch nicht mehr kosten als der Kauf im Geschäft oder in der Pizzeria. Den Preis bezahlen die neuen prekär Beschäftigten. So gibt es mehr wirtschaftliche und soziale „Verlierer*innen" aufgrund weniger Sozialleistungen. In Österreich stellt sich Sozialhilfe in neun Bundesländern unterschiedlich dar, es fehlt eine für alle gleich zugängliche bundesweite Mindestsicherung. Die ungleiche Verteilung der Güter lässt die Kluft noch größer werden: Unsicherheit, Zukunftsängste, Brüchigkeit von Beziehungen, Vereinsamung erwirken einen sozialen Ausschluss.

Die Folge: Ökonomische Ungleichheit zerstört die Demokratie

Für den Großteil aus dem ökonomisch am meisten benachteiligten Drittel stellt sich jegliche Einflussnahme auf die österreichische Politik als gar nicht existent dar. Dementsprechend ist auch ihr Vertrauen in das politische System insgesamt sehr gering ausgeprägt. Dieses sinkende Vertrauen in die Politik insgesamt geht Hand in Hand mit einem Verlust an Gesellschafts- und Gemeinschaftsglauben. Begriffe wie Gemeinwohl existieren hier nicht. Um dieser Entwicklung zu begegnen, braucht es Mitsprache und Mitgestaltung und die dafür wichtigen Rahmenbedingungen wie barrierefreien Zugang zu Bildung und beruflichen Qualifikationen, Erwerbstätigkeit, gutes und leistbares Wohnen, Teilhabe an Kultur- und Freizeitaktivitäten – Ressourcen, die immer mehr Menschen in Österreich nicht haben.

Was steht auf dem Spiel?

Es ist bekannt, dass ehrenamtliches Engagement ähnlichen Kriterien unterworfen ist wie Erwerbsarbeit. Wenn die Zahl der prekär Lebenden größer wird und gleichzeitig die Erwerbsarbeit die Menschen, die einen Arbeitsplatz haben, immer mehr fordert, stellt sich die Frage, wer in Zukunft Gemeinwesenarbeit machen wird. Das betrifft politisches Engagement auf Gemeindeebene genauso wie Mitarbeit in Vereinen und Initiativen. Der Blick in städtische Randbezirke am Beispiel Frankreich und Belgien zeigt, wie groß das Aggressionspotential sein kann. Der soziale Friede ist akut gefährdet. Die Enzyklika Fratelli tutti stellt fest: *„Manchmal reagieren die Ärmsten und Ausgestoßenen mit antisozial erscheinenden Haltungen. Wir müssen begreifen, dass diese Reaktionen häufig mit einer Geschichte von Verachtung und fehlender sozialer Eingliederung zusammenhängen" (234)*. Die Bibel erzählt viele Geschichten, in denen es um die grundlegende Gleichheit aller Menschen als Ebenbilder Gottes geht, ebenso um Gerechtigkeit im Sinne einer Ökonomie, in der es genug gibt für alle. Die zentrale Botschaft ist die Verheißung des Reiches Gottes, und das meint ein gutes Leben für alle: *„Ich bin gekommen, damit sie das Leben haben und es in Fülle haben" (Joh 10,10)*. Dabei haben die sozialen Rechte der Armen Vorrang!

Verbindung vom Umgang mit Schuldnern und dem täglichen Brot

Im zentralen Gebet der Christ*innen, im Vater Unser, bitten wir um das Kommen seines Reiches (ἡ βασιλεία), das wir mit Gerechtigkeit verbinden: Gottes Wille (τὸ θέλημά σου) soll geschehen. Dabei geht es um die tägliche Existenz der Menschen, um das tägliche Brot – heute! Das ist auch die Herausforderung unserer Zeit. Reichtum auf der einen Seite heißt Schulden auf der anderen. Im Vater Unser ist eindeutig von Schulden (ὀφειλήματα) und Schuldnern (ὀφειλέταις) die Rede und davon, diese Geld-Schuld zu erlassen.

Nur so erhalten alle das tägliche Brot. Die Bitte, nicht in Versuchung geführt zu werden, erhält so eine besondere Brisanz: Schulden eintreiben kann zu dem werden, was letztendlich über das Leben der Schuldner verfügt und deren Tod in Kauf nimmt. Die Versuchung (πειρασμόν) besteht darin, anderes an die Stelle Gottes zu setzen. Vor diesem alles entscheidenden fatalen Fehlschluss soll Gott uns bewahren. Das tägliche Brot, die Schulden und die Schuldner, sowie diese Versuchung gehören zusammen. Das ist ein höchst brisanter Zusammenhang, der nicht auseinandergeteilt werden darf.

3. Handeln

Soziale Sicherung für alle

In Fratelli tutti mahnt Franziskus ein: *„Wenn es um einen Neuanfang geht, müssen wir immer bei den Geringsten unserer Brüder und Schwestern beginnen"* (235). Daher ist eine solide Existenzgrundlage ein Grundrecht. Das bedeutet faire Löhne, ein höheres Arbeitslosengeld oder auch ein Grundeinkommen für alle. Die österreichischen Bischöfe machen sich im Pfingsthirtenbrief 2020 Sorgen um das Sozialfundament unseres Landes und fordern neue Formen der sozialen Sicherung. Und weiter: *„Ob ein erwerbsunabhängiges*

Grundeinkommen ein sinnvoller Weg ist, muss diskutiert werden."

Ähnliches kommt von Papst Franziskus in seiner Ansprache an die Volksbewegungen schon am Ostersonntag 2020. Er meint, es kann nicht sein, dass jene, die am Rand der Gesellschaft leben, die die Lösungen der Marktwirtschaft nicht erreicht, die auch nicht ausreichend Hilfe und Schutz durch den Staat erhalten, warten sollen, *„ob vom Tisch derer, die die wirtschaftliche Macht haben, vielleicht das eine oder andere Almosen zu ihnen hinabfällt."* So kommt der Papst zu dem Schluss: *„Vielleicht ist jetzt die richtige Zeit über ein universales Grundeinkommen nachzudenken, das die wichtigen und unersetzlichen Aufgaben anerkennt und würdigt, die sie erfüllen; ein Einkommen, das den ebenso menschlichen wie christlichen Leitsatz dauerhaft Wirklichkeit werden lassen kann."* Das ist die Vision.

Recht auf Arbeit und Recht auf Absicherung

In der aktuellen Situation geht es um die Schaffung von gemeinwohlbezogenen Arbeitsplätzen. Die Menschenrechte verlangen ein Recht auf Arbeit und damit auf eine Absicherung für alle Lebensphasen mit und ohne Erwerbsarbeit. Ein besonderes Augenmerk ruht auf der Notwendigkeit von kräftigen Investitionen in den Sozialbereichen, vor allem in Care-Arbeit. Anständige und gut bezahlte Arbeitsplätze mit gleichzeitigen Begleitmaßnahmen zur tatsächlichen Umverteilung der unbezahlten Arbeit bringen einen hohen Beschäftigungs- und gesamtwirtschaftlichen Effekt.

Neue Bedingungen für die Arbeit

Aber gerade in diesem Bereich zeigt sich, dass derzeitige Vollzeitarbeit körperlich und psychisch hohe Anforderungen stellt. Daher ist eine generelle Arbeitszeitverkürzung nötig, die im Sinne des Teilens auf allen Ebenen umgesetzt werden müsste. Denn mehr und mehr verwehren sich Menschen bestimmten Arbeitsbedingungen, weil ihnen Gesundheit, Familien und Gemeinschaftsleben ein höherer Wert sind als Erwerbsarbeit, die krankmacht oder keine freie Zeit lässt.

Dazu kommt die Verantwortung für schlechte Arbeitsbedingungen in anderen Teilen der Welt. Ein Lieferkettengesetz würde hier wirksam Veränderungen einleiten. Es braucht die weltweite Verantwortung und lokales Handeln in einer solidarischen Wirtschaft, die Wachstum beschränkt und sich in einer lebendigen Genügsamkeit bewährt.

Die Kirche steht für eine humane und gerechte Wirtschaftsordnung.

Das Problem hat jedoch wie bei der Klimafrage nichts mit fehlender Information zu tun, sondern mit Interessen, die dagegenstehen. Deshalb sehen wir es als Aufgabe der Kirche, sich mit all ihren Bewegungen und Pfarren einzumischen. Als Katholische Aktion wollen wir daher bezüglich der gesellschaftlichen Gestaltung und Weiterentwicklung in Richtung einer humanen und gerechten Wirtschaftsordnung eine aktive Rolle einnehmen.

Jedoch auch Kirchenleitung und Amtsträger*innen sind hier in der Pflicht. Das beginnt mit einer Vorbildhaltung im eigenen

Betrieb. In nur drei österreichischen Diözesen gibt es einen Kollektivvertrag, Mitbestimmung wird mit Hinweis auf Hierarchie oder Tendenzparagraf oftmals eingeschränkt. Die Beteiligung aller und eine den Lebensbedingungen gerecht werdende Arbeitszeitverkürzung (z.B. 4-Tagewoche) sind ein Gebot der Stunde. Unumgänglich ist das Einbeziehen von haupt- und ehrenamtlich Engagierten und vielfältige Kooperation mit anderen aktiven zivilgesellschaftlichen Gruppen.

Als Kirche in der Welt aktiv zu sein reicht hinein in den Alltag aller Christ*innen. Denn *„die Kirche ist dazu berufen, sich an allen Enden der Welt zu inkarnieren und ist seit Jahrhunderten an jedem Ort der Welt gegenwärtig – das heißt katholisch"* (Fratelli tutti 278).

Katholische Aktion Österreich

Spiegelgasse 3/2/6, 1010 Wien

www.kaoe.at

April 2022

LITERATURHINWEISE

Die vorliegende Publikation ist der 6. Band der Reihe „Überlegungen zum Grundeinkommen", herausgegeben von der Friedensakademie Linz www.friedensakademie.at und dem Verein „Das Grundenkommen" www.das-grundeinkommen.org, erschienen imVerlag BoD www.bod.de

Band 1:

Grundeinkommen für ALLE? Auch für mich?
Paul J. Ettl
Erstauflage März 2020, 4. Auflage November 2021
ISBN: 9783756230129, e-Book: 9783756804979

Band 2:

Grundeinkommen4Klimarettung
Guido Rüthemann
Herbst 2020
ISBN: 9783751982887, e-Book: 9783752633245

Band 3:

Das Linzer Modell für ein Bedinngsloses Grundeinkommen
Paul J. Ettl, November 2021
ISBN 9783754300121, eBook 9783755703709

Band 4:

Grundeinkommen – Herdprämie oder Booster für Geschlechtergerechtigkeit?
Roswitha Monardi, Februar 2022
ISBN-13: 9783755799092, eBook 9783756249435

Band 5:

124 Fragen zum Grundeinkommen an den Chatbot
Reinhold Schwark und andere
Frühjahr 2023
ISBN: 9783752687552, eBook 9783757898557

Band 6

Wie christlich ist ein Bedingungsloses Grundeinkommen?
M. Schlagnitweit, F. Segbers, I. Praetorius u.a.
Herbst 2023
ISBN: 9-783-7578-3020-5